DOCUMENTS

POUR SERVIR A

L'HISTOIRE DE GRENOBLE

EN 1814 ET 1815.

GRENOBLE, IMP. ALLIER PÈRE ET FILS,
Grand'Rue, 8.

DOCUMENTS

POUR SERVIR A

L'HISTOIRE DE GRENOBLE

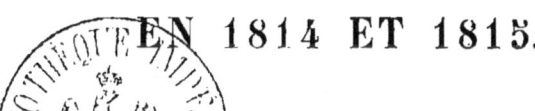

EN 1814 ET 1815.

PAR

G. VALLIER.

GRENOBLE.
Alph. MERLE & Cie, Libraires-Éditeurs,
RUE LAFAYETTE, 14.

1860

AVIS DE L'ÉDITEUR.

Le *Bulletin* de la Société de statistique, des sciences naturelles et arts industriels du département de l'Isère a publié, dans le tome III de sa seconde série, une notice sur *Grenoble en 1814 et 1815*, par M. Albin Gras, docteur en médecine. Pleine d'intérêt, cette histoire présentait malheureusement des lacunes, l'auteur n'ayant pu se procurer alors certains documents des plus importants; mais, grâce à l'obligeance de M. G. VALLIER, qui veut bien nous confier un travail achevé depuis plusieurs années et destiné à être publié comme le complément de celui de M. Gras, nous sommes en mesure de combler un vide regrettable parmi les pièces justificatives destinées à fixer le souvenir de cette époque mémorable.

Nous espérons que les personnes qui s'occupent de l'histoire de notre pays nous sauront gré des efforts que nous faisons pour réunir les matériaux qui lui manquent encore, et qu'elles apprécieront les motifs qui nous ont décidé à entreprendre cette nouvelle publication. La notice de M. Gras ne peut plus se passer de celle de M. Vallier : les deux n'en font qu'une.

Grenoble, le 1er septembre 1860.

Alph. MERLE.

DOCUMENTS

POUR SERVIR A

L'HISTOIRE DE GRENOBLE

EN 1814 ET 1815.

M. Albin Gras, docteur en médecine, a publié en 1854 une notice fort intéressante sur Grenoble en 1814 et 1815. Maintes fois j'ai entendu l'auteur se plaindre de n'avoir pu retrouver certaines pièces, les plus importantes peut-être parmi celles qui ont servi de justification aux faits qu'il a réunis et racontés du reste avec beaucoup de véracité ; maintes fois aussi j'ai pu, auprès d'hommes qui ont joué un rôle ou assisté en simples spectateurs au drame de ces deux années tout à la fois glorieuses et funestes, apprécier le succès du récit de M. Gras et constater le regret de ce que l'auteur n'avait pu reproduire dans son travail ces documents justificatifs. Frappé moi-même de ces lacunes, j'ai songé à rassembler les pièces importantes (1) qui doivent les combler, et, par la voie d'heu-

---

(1) La Convention d'armistice du 6 juillet 1815 et la Capitulation du 9 du même mois.

reuses relations, j'ai pu me les procurer dans les bureaux même du ministère de la guerre de Piémont. Ce sont ces pièces que je publie aujourd'hui comme un complément du travail de M. Gras. Autour d'elles j'en grouperai quelques autres d'une importance moindre et que je regrette de n'avoir pas trouvées dans sa notice ; car il leur eût ainsi donné plus de valeur en les réunissant à celles qu'il a publiées. Je crois utile de les livrer à l'impression, attendu que, pour la presque totalité, elle ne l'ont jamais été, et que, à un moment donné, elles pourraient disparaître sans laisser de traces, comme cela s'est vu malheureusement trop souvent (1). J'y joindrai le récit de quelques faits ignorés ou peu connus, sur lesquels on n'a jamais écrit et qu'il importe de préserver de l'oubli. Enfin je donnerai quelques pièces inédites dont les esprits moroses blâmeront peut-être la publication, mais que je considère comme un reflet des mœurs de cette époque déjà si éloignée de nous. La caricature aussi fournit de précieux documents à l'histoire.

I

L'invasion de 1814 était un fait accompli. Dans le département de l'Isère, comme dans le reste de l'Empire, la voix de l'autorité avait été entendue : les citoyens lui avaient répondu avec enthousiasme. Partout la résistance s'organisait. Dès le 1ᵉʳ janvier, les ordres nécessaires à la défense de

---

(1) Faut-il citer, à l'appui de mon opinion, cette lacune de 19 pages (de la page 47 à la page 65) qu'une main peu délicate, peut-être même intéressée, a fait disparaître du *Registre des délibérations* de l'Hôtel-de-Ville, de 1788, et qui renfermaient le récit officiel des événements malheureux qui se passèrent cette année à Grenoble ? Faut-il citer encore ces distractions de titres qui ont lieu si souvent dans les archives des communes ?

Barraux avaient été donnés par le Préfet de l'Isère, ainsi que le constate la pièce suivante :

Le préfet du département de l'Isère, membre de la Légion d'honneur, baron de l'Empire,

Vu l'urgence,

Arrête que les bois nécessaires pour élever des palissades autour de la place de Barraux seront abattus et enlevés sans délai dans les forêts et sur les possessions particulières situées dans le voisinage de cette place. En conséquence, M. Bravet, maire de la commune de Barraux, donnera tous les ordres et requerra tous les ouvriers nécessaires pour opérer promptement l'abattage et le transport de ces bois. Il fera estimer leur valeur et en réglera le prix de gré à gré avec les propriétaires ou par voie d'experts ; il se concertera, pour tout ce qui concerne le matériel de cette opération, avec M. le commandant du génie dans le fort de Barraux, et avec l'agent forestier envoyé sur les lieux. Il requerra au besoin l'autorité militaire de lui prêter aide et assistance.

Le mode suivant lequel seront acquittés les frais jugés indispensables, soit pour l'envoi d'exprès, d'ordonnances, et soit pour les voyages de l'agent forestier, est déterminé par un second arrêté qui sera joint au présent.

Grenoble, ce 1er avril 1814.

Pour le Préfet : *Le Conseiller de préfecture,*

COLAUD-LASALCETTE.

Ces précautions ne furent pas inutiles, comme on l'a vu page 6 du récit de M. Gras, et les habitants de Barraux, stimulés par leur brave maire, se montrèrent au premier rang des défenseurs de la patrie.

La poésie elle-même joua son rôle dans la levée en masse des habitants de notre pays. Voici une pièce qui parut dans le *Journal du département de l'Isère* du 4 février 1814. Je la donne (*V.* Pièce justificative A.) telle que je l'ai retrouvée dans les papiers de M. Aug. Blanchet, avec les notes qu'il y ajouta après sa publication. On y trouvera des variantes assez importantes qui, je n'en puis douter, ne sont pas toutes le fait de la censure, mais sont dues certainement à des conseils d'amis ou à la raison de l'auteur.

M. Alb. Gras raconte (1) l'entrevue qui eut lieu entre le prince Émile de Hesse-Darmstadt et le général Marchand, le 11 avril 1814, à Saint-Robert, et le lendemain à Grenoble ; puis il ajoute : « .... Le *surlendemain*, le conseil municipal de » la ville se réunit et donna son adhésion aux actes du gou— » vernement provisoire qui proclamaient la déchéance de » Napoléon. »

Je relèverai d'abord une faute de rédaction qui, dans le mot *surlendemain*, tendrait à faire croire que le conseil municipal ne se réunit que le 14 avril. Voici, du reste, la *Déclaration du Corps Municipal, contenant son adhésion à la Restauration du trône des Bourbons*, telle que je la trouve sous la date du 13 avril (2). — (*V*. Pièce justificative B.)

Le lendemain, le maire de Grenoble écrivit au général Marchand :

« Grenoble, le 14 avril 1814.

Le maire de la ville de Grenoble, chevalier de la Légion d'honneur, baron de l'Empire,

A monsieur le général comte Marchand, commandant la 7ᵉ division militaire.

Monsieur le Général,

J'ai l'honneur de vous adresser des exemplaires : 1° de la Dé-

---

(1) Page 15 de sa notice.

(2) *Registre des délibérations* de l'Hôtel-de-Ville, n° 20, p. 121 et suiv. Comme on le voit, le registre ne porte que trois signatures ; mais cette pièce se trouve imprimée dans le *Journal du département de l'Isère*, avec les signatures suivantes :

Bernard, Revol, Piat-Desvial, Vernet, Ch.-Jᵇ de Barral, Borel-Saint-Victor, Allemand-Dulauron, Vallier, Pasquier, Gerboud, E. de Marcieu, Arthaud, Ch. Durand, Flauvans, Aug. Périer, Jean Ducruy *aîné*, Barthelon, Allier, Beyle, *adjᵗ*, Lavalette, *adjᵗ*, baron Renauldon, *chevalier de la Légion d'honneur, maire.*

claration du Corps municipal, 2° du précis des événemens passés à Paris du 28 mars au 3 avril, 3° de la lettre-circulaire de M. le préfet, relative à ces événemens. Je vous prie, si vous le jugez convenable, d'en faire parvenir quelques-uns à votre armée et même aux avant-postes de S. M. l'empereur d'Autriche.

Agréez, Monsieur le général, l'assurance de la considération très distinguée avec laquelle j'ai l'honneur de vous saluer (1).

RENAULDON.

Le 15, la lettre suivante est adressée *à S. Exc. le prince de Bénévent, président du Gouvernement provisoire :*

Monseigneur,

J'ai l'honneur d'adresser à Votre Altesse la déclaration du Conseil municipal de cette ville, portant adhésion aux actes du Sénat et du Gouvernement provisoire.

Cette déclaration a été publiée avec la plus grande solennité, aux acclamations de tous les habitans et aux cris de VIVE LE ROI !

J'ai l'honneur d'être respectueusement, de Votre Altesse, le très humble et très obéissant serviteur (2).

RENAULDON.

Puis viennent la lettre-circulaire adressée par le Préfet du département de l'Isère à MM. les Maires des communes de ce département et l'ordre du jour du général Marchand. (*V.* Pièces justificatives C et D.)

Cependant, malgré l'armistice convenu le 11, à St-Robert, entre le prince Émile de Hesse-Darmstadt et le général Marchand, les alliés continuèrent à intercepter *rigoureusement* les communications entre Grenoble et sa banlieue. Je donnerai, comme preuve de cette rigueur, le passeport suivant que des motifs de considération personnelle seuls purent faire

---

(1) *Registre des délibérations* de l'Hôtel-de-Ville.
(2) *Registre de la correspondance.*

obtenir à un citoyen que des affaires urgentes appelèrent alors à Grenoble. Deux sceaux en cire rouge accompagnent les signatures qui le revêtent. On trouvera la reproduction de l'original parmi les pièces justificatives, avec la traduction en regard. (*V.* Pièce justificative E.)

Le 19 avril, et en vertu de la convention conclue le 8 à Paris, les alliés entrent à Grenoble et s'y établissent. Cette entrée donna lieu à une scène dont nous retrouvons les traces dans la lettre suivante, datée du même jour, de M. Renauldon au préfet :

Monsieur le Préfet,

J'ai l'honneur de vous prévenir que, hier soir, des élèves internes du lycée, pendant une récréation, étant montés sur des arbres ou sur le mur de clôture qui sépare la cour de la rue Neuve, ont hué à plusieurs reprises des officiers de divers grades de l'armée des alliés. M. de Lavalette, témoin de cette scène scandaleuse, est allé au lycée pour porter des plaintes aux chefs; mais il n'a trouvé qu'un maître d'étude chargé de la surveillance de tous les élèves. Il paraît que ce maître d'étude devait avoir avec lui un second surveillant qui s'était absenté. Je suis allé ce matin au lycée, et, dans l'appartement de M. le proviseur, j'ai fait venir le maître d'étude en chef, M. Dumoulin, et le maître d'étude dont la faiblesse a été la cause du désordre. Les trois élèves les plus coupables m'ont été présentés; d'après leur aveu et la conviction que j'ai acquise, j'ai invité le proviseur à les mettre aux arrêts forcés.

J'ai pensé que le délit commis par ces élèves était du ressort de la police locale et générale, puisqu'il a été commis envers des officiers de l'armée des alliés qui passaient dans une rue, qu'il pouvait occasionner du désordre et donner lieu à un mouvement insurrectionnel.

J'ai l'honneur de vous saluer avec respect(1).

Le 24, les troupes françaises évacuent la ville et le dépar-

---

(1) *Registre de la correspondance.*

tement, et une commission est *chargée d'assurer la subsistance des troupes alliées qui occupent Grenoble. (V.* Pièce justificative F.)

Mais si les alliés étaient entrés à Grenoble en vertu de la convention du 8 avril, ils n'en respectèrent pas entièrement les termes, car ils voulurent, dès leur entrée dans la ville, s'emparer de l'arsenal, dont la conservation était confiée au capitaine d'artillerie Dupuy de Bordes, directeur par intérim dudit arsenal ; mais celui-ci répondit qu'il ne livrerait le dépôt confié à sa garde qu'en vertu d'un ordre émané du ministre ou du général commandant à Grenoble. Le général Marchand vint lui ordonner de remettre l'arsenal aux Autrichiens; mais ayant refusé d'en donner l'ordre écrit, il reçut la même réponse. Le commissaire délégué du roi réitéra la même injonction ; mais n'ayant pas jugé à propos de donner l'ordre écrit qu'on lui demandait, il se retira sans être plus heureux que ses prédécesseurs. Plusieurs jours se passèrent de la sorte. Enfin, le général Bentheim, espérant obtenir par l'adresse et la douceur ce que les autres n'avaient pu obtenir par le commandement, invita le capitaine Dupuy de Bordes à dîner, et, après le repas, l'ayant pris à part dans l'embrasure d'une fenêtre de la préfecture où il était logé et où se passait la scène : Voyons, lui dit-il, il faut en finir avec cet arsenal que vous conservez si obstinément; il faut m'en donner les clefs. — Le capitaine Dupuy de Bordes répondit encore, comme auparavant, qu'il ne pouvait remettre aux alliés, sans une décharge de ses chefs, l'arsenal dont la conservation lui avait été confiée. — Eh bien ! répondit le général Bentheim, tant pis pour vous; mais vous me forcerez à recourir à la violence. — Le capitaine lui répondit qu'il le pouvait avec d'autant plus de facilité qu'il lui serait impossible de lutter contre lui, vu qu'il était seul avec quatre ou cinq ouvriers.

Cette scène se passait le 6 mai. Enfin, le 7, un bataillon de soldats autrichiens pénétra dans l'arsenal par une petite porte qui donnait sur la ruelle ou impasse qui se trouve au milieu de la rue de l'Hôpital, la grande porte ayant été barricadée et fortement assujettie. Le capitaine Dupuy, qui avait été averti de ce qui se préparait par l'ordonnateur de la 7e division militaire, M."", se trouva là pour les recevoir, avec le commissaire des guerres du département de l'Isère, M. Du Mas de la Roque, et, voyant qu'ils se mettaient en devoir d'enfoncer la porte, il la fit ouvrir, et immédiatement le procès-verbal de cette violation fut dressé et signé. (*V.* Pièce justificative G.)

Cette opération terminée, le général Bentheim pria le capitaine Dupuy de Bordes de rester dépositaire des clefs et de conserver la direction du dit arsenal pour le bien du service, ce que celui-ci accepta alors. L'ordre vint ensuite aux alliés de n'en rien distraire, et l'arsenal fut respecté (1). On a vu, par le récit de M. Alb. Gras (2), qu'il n'en fut pas de même au Fort-Barraux.

Pendant que ces faits se passaient à Grenoble, les événements avaient marché. La déchéance de l'Empereur était accomplie, et le nouveau monarque recevait les adresses et les protestations du dévouement public. Voici deux pièces dont la place se trouve naturellement ici. (*V.* Pièces justificatives H et I.)

Cependant la municipalité était sur les dents. Les réquisitions pleuvaient sur les citoyens, et elle ne savait comment faire pour alléger des charges aussi dures. Dès le 29 avril, le maire écrivait au préfet :

Les réquisitions de voitures qui sont faites à la ville pour les officiers et bagages des troupes alliées sont énormes. Il est impossible que je puisse y satisfaire. Il est de la plus grande urgence que les communes environnantes viennent à notre secours.

Je vous prie de vouloir bien donner des ordres pour que vingt voitures soient requises dans les environs et qu'elles restent à Grenoble jusqu'à ce que le service permette de les renvoyer (3).

---

(1) Je dois tous les détails de ce récit et la communication du *procès-verbal* à l'obligeance de M. Dupuy de Bordes lui-même.
(2) Page 17 de sa notice.
(3) *Registre de la correspondance.*

On requiert aussi des chevaux, car le maire écrit au préfet en date du 8 mai : « qu'ensuite de ses ordres, deux cents chevaux de réquisition se rendent à Grenoble ; mais que la plupart de ces chevaux ne sont garnis que de leur bât, qu'ils ne peuvent être employés au trait, et qu'il lui paraît convenable de les renvoyer. » Il ajoute que : « chaque cheval est accompagné d'un homme et qu'il serait convenable de n'en conserver qu'un pour conduire trois ou quatre chevaux d'une même commune. On rendrait service aux hommes et l'on diminuerait les dépenses des communes qui doivent les nourrir lors de leur passage. »

Ces réquisitions, de quelque nature qu'elles fussent, étaient toutes faites sur le même modèle : « *Le maire de Grenoble, ensuite de la demande de M. le conseiller de préfecture, commissaire civil délégué par M. le préfet, suivant la lettre du...., requiert M., ou le sieur.... de fournir...., pour le service de....* » — Souvent aussi on ajoutait, dans le cas où la fourniture ne se ferait pas, la menace d'une exécution militaire. Une seule fois, la formule sacramentelle fait place à une forme moins dure. Elle est adressée :

A M. de Bérenger, en son absence à M. de Spinola.

Du 24 avril 1814.

Monsieur,

Le général comte de Bübna a demandé à la ville qu'il lui fût prêté une voiture propre et commode pour son service à Grenoble.

J'ai pensé que, dans cette occasion, il vous serait agréable d'obliger la ville et M. le comte de Bübna particulièrement. Je vous prie donc de vouloir bien mettre votre voiture à la disposition de Son Excellence pour le temps qu'elle en aura besoin (1).

J'ai fait, sur le *Registre de la correspondance*, le recense-

---

(1) *Registre de la correspondance.*

ment de toutes ces réquisitions, et le résultat que j'ai obtenu est, à mon avis, assez curieux pour mériter d'être publié. (*V*. Pièce justificative J.) Néanmoins je ne considère pas ce tableau comme complet ; car, en dehors des réquisitions insérées à la *Correspondance*, il en est une foule d'autres qui n'y ont pas laissé de traces. Je n'ai parlé que de celles émanant de la mairie.

Qu'il me soit permis de raconter ici un épisode de notre histoire locale que tout le monde a su, que tout le monde a oublié, et qui mérite pourtant de ne pas tomber dans l'oubli.

Le général comte de Bübna vint un jour trouver M. de Lavalette à la tête de tout son état-major. — Monsieur le Maire, lui dit le général autrichien, je viens vous annoncer que votre ville est frappée d'une contribution de guerre de 40,000 francs. — Le maire de se récrier, observant que la ville n'avait pas d'argent, et que, du reste, les alliés y étant entrés en vertu d'un traité, ils n'avaient pas le droit de se livrer à de pareilles exactions. — Monsieur le maire, reprit alors le comte de Bübna en prenant une attitude superbe, je vous donne deux heures pour trouver cette somme ; et, si vous ne vous la procurez pas, dans deux heures je mets la ville au pillage. — Deux heures ! Monsieur le comte, deux heures !.. c'est trop long, répondit le maire en bondissant ; moi, je vais immédiatement faire sonner le tocsin, et, dans deux heures, il ne restera pas un autrichien vivant dans les rues de Grenoble. Le général de Bübna se retournant alors vers ses officiers, échangea avec eux quelques paroles rapides, en allemand bien entendu ; puis, s'adressant à M. de Lavalette : — Monsieur, lui dit-il d'un ton moins impérieux, il paraît qu'on nous a trompés sur l'état des finances de la ville : nous renonçons à la contribution de guerre que nous vous réclamions.

Mais si Grenoble échappa par la fermeté de son maire aux réquisitions pécuniaires, on a vu plus haut que les réquisitions en nature ne lui avaient pas fait défaut. Arriva le quart-d'heure de Rabelais. (*V*. Pièce justificative K.)

Les réquisitions ne furent pas le seul embarras de ces moments difficiles. La justice aussi fut entravée dans son cours. Voici une lettre adressée, le 3 mai, par le maire, à un juge de paix sans doute :

Monsieur,

J'ai l'honneur de vous prévenir que, conformément à votre lettre en date du jour d'hier, j'ai désigné M. Lépine, adjoint de police, pour donner ses conclusions en police simple. Cependant, vu l'embarras extrême où nous nous trouvons, si vous pouviez renvoyer à huitaine les causes portées devant votre tribunal, vous me rendriez un véritable service (1).

Pour en finir avec le séjour des alliés à Grenoble, je citerai encore la lettre suivante du maire à M. de Montal, colonel de la garde nationale, commandant la cohorte urbaine. Cette lettre, en date du 30 avril, renferme un passage que je souligne comme assez curieux :

Monsieur,

J'ai l'honneur de vous informer qu'il sera chanté demain dimanche, 1er mai, dans l'église cathédrale, à l'issue de la messe capitulaire qui commencera à dix heures précises, un *Te Deum* en action de grâces pour le rétablissement des Bourbons sur le trône de France. *M. le comte de Bübna y assistera.*
Je vous invite à donner des ordres pour que la cohorte prenne les armes et assiste à cette cérémonie. J'ai l'honneur de vous saluer avec la considération la plus distinguée (2).

Les alliés ont enfin évacué Grenoble. Ce fut une explosion de joie, et cette joie redoubla encore quand on revit notre brave armée d'Italie, *surtout* à la vue des aigles que les troupes avaient conservées (3). Celles-ci durent disparaître bientôt ; mais, en les enlevant aux guerriers qu'elles avaient si

---

(1) *Registre de la correspondance.*
(2) *Registre de la correspondance.*
(3) *Notice de M. Gras*, p. 17.

souvent conduits à la victoire, et malgré les adhésions *unanimes* qui arrivaient au nouvel ordre de choses de tous les points de la France, il paraît qu'on ne put de sitôt éteindre leur souvenir. Le maire écrit, le 1er juillet, au commandant d'armes de la place :

> Depuis quelques jours, des soldats se répandent dans les rues et chantent des chansons dont l'esprit est contraire au bon ordre ; une entre autres commence par ces mots : *Mettons-nous la cocarde*, et chaque couplet finit par des *Vive l'Empereur !* Ces chants se font également entendre dans les cabarets et les auberges. Le commissaire et les agents ont fait ce qu'ils ont pu pour faire cesser de pareils désordres qui peuvent avoir des suites fâcheuses et même fixer l'attention du Gouvernement d'une manière particulière, sans avoir pu les faire entièrement cesser.
> Je vous prie donc, Monsieur le commandant, de vouloir bien donner des ordres pour que les soldats restent dans l'ordre ; nous éviterons par là des rixes qu'il est de notre devoir de prévenir.
> Agréez l'assurance, etc. (1)

Cette lettre me rappelle un fait qui se passa à cette époque et que j'ai souvent entendu raconter par des témoins oculaires ; et toute la ville le fut en cette circonstance. Des soldats s'étant mis à danser, aux cris de *Vive l'Empereur*, une farandole autour de la statue d'Hercule qui orne le bois du Jardin de Ville, le général Marchand, qui se trouvait en ce moment avec une nombreuse société sur la terrasse de cette promenade, entendant ces cris, demanda ce qui se passait : on le lui dit. Aussitôt, et sans réfléchir qu'il n'était pas en uniforme et que son autorité courait le risque d'être méconnue, il s'élança du côté des danseurs et les dispersa à coups de canne. Ce fut une débandade complète ; heureusement pour lui, le général avait été reconnu. Mais si la pensée était comprimée en dehors, elle ne perdait rien de son énergie intérieure. Les événements le démontrèrent huit mois plus tard.

---

(1) *Registre de la correspondance.*

Au mois d'août, la duchesse d'Angoulême séjourne à Lyon. Une députation grenobloise est aussitôt envoyée dans cette ville pour complimenter cette princesse. (*V.* Pièce justificative L.)

Enfin, cette terrible année 1814 se termine par une fête.... Mais quelle fête!..

Le comte d'Artois, frère du roi, arrivait à Grenoble. Il fallait lui en faire les honneurs de manière à lui *prouver* l'enthousiasme et le dévouement de ses habitants. Rien de trop beau, rien de trop bon. Malgré la pénurie des finances de la ville, on met à contribution les quatre règnes de la nature. Au milieu de cette infinité de détails, il y en a de curieux à noter comme modes ou mœurs politiques. Grenoble, à cette époque, en était encore au régime de la clairette de Die.....

Dès le 5 septembre, le maire écrit à MM. Jourdan père et fils, à Tain :

Envoyez les vins suivants pour la table de Monsieur, frère du roi.

100 bouteilles vin de Bourgogne, 2ᵉ qualité, pour le 1ᵉʳ service.
30 — — de Bourgogne, 1ʳᵉ qualité.
30 — — de Bordeaux, *id.*
30 — — de l'Hermitage rouge, *id.*
30 — — de Côte-rôtie, *id.*
25 — — de l'Hermitage blanc.
25 — — de Château-Grillet.
25 — — de clairette de Die.

---
295 bouteilles.

Le choix des vins est très important. Si le prince les distingue, il se ressouviendra de la maison qui les a fournis (1).

Puis, le 13, à la réception de cet envoi :

Donnez-moi le nom du vin que vous m'avez envoyé comme vin

---

(1) *Registre de la correspondance.*

ordinaire dans les caisses 1 et 2 qui contenaient 100 bouteilles; je rechercherai l'occasion de présenter en votre nom à S. A. R. les deux bouteilles de vin de paille que vous avez ajoutées à votre envoi.

Je vous envoie 601 fr. 50 c. pour solde (1).

On voit que si le maire fait les choses grandement et n'oublie pas les moyens d'obtenir un service consciencieux, de son côté, le fournisseur ne néglige pas ses petits intérêts : c'est la petite comédie avant la grande.

Puis il y a la correspondance avec le maire de Lyon, bien plus curieuse encore. Voici d'abord une lettre qui est comme la suite des précédentes. Elle porte la date du 1er octobre :

Monsieur le maire de Lyon,

M. le préfet de l'Isère, à son retour de Lyon, m'a assuré que le prince, soit par goût, soit par régime, ne boit à son ordinaire que du vin de Bordeaux et qu'il aime le vin de Madère sec et le vin blanc de Champagne mousseux.

Dans cette ville, je n'ai rien trouvé de présentable dans ces trois espèces de vins. Envoyez-moi :

100 bouteilles de Bordeaux,
100 bouteilles de vin blanc de Champagne mousseux.
25 bouteilles de Madère sec (2).

En voici une autre qui trahit les préoccupations du fonctionnaire peu au courant de l'étiquette des cours :

Du 10 septembre.

Monsieur le comte Dalbon, maire de Lyon,

La réception à Grenoble de Monsieur et de Mgr le duc de Berry me met dans le cas de désirer tous les renseignements re-

---

(1) *Registre de la correspondance.*
(2) *Registre de la correspondance.*

latifs au cérémonial que vous avez observé et fait observer dans votre ville, etc. (1).

On désire savoir :

1° Les commissaires nommés pour préparer et présider les fêtes à donner étaient-ils en habit français ou en frac ?

2° Toutes les personnes admises dans les appartements pour être présentées avaient-elles un costume de rigueur, c'est-à-dire, les hommes des habits à la française, l'épée au côté, et les femmes des robes à queue ?

3° Les présentations individuelles ont-elles été demandées à M. le préfet ou à M. le maire, et par eux à Madame ; ou si les personnes qui désiraient être présentées ont demandé cette faveur au premier gentilhomme de la chambre ou à tout autre grand fonctionnaire de la cour ?

4° Le maître d'hôtel qui mettait sur la table était-il en habit français et l'épée au côté, ou en frac ?

5° Les cochers et postillons des voitures présentées à Madame et à sa suite n'étaient-ils pas à la livrée de la ville, avec la bourse aux cheveux et des bottes à chaudron ?

6° Y avait-il plusieurs tables pour Madame et sa cour, et en quel nombre ?

7° La garde d'honneur faisant le service près de sa personne avait-elle une table au palais ?

8° Un grand nombre de femmes les plus distinguées de la ville ont-elles été invitées à garnir les appartements qui précédaient celui de Madame, à son arrivée au palais qu'elle a occupé ? Leur costume était-il obligé ou seulement prévu et indiqué ?

9° Les femmes étaient-elles présentées à Madame par M. le préfet ou M. le maire, ou par Mme la comtesse Dalbon ?

Vous obligerez, Monsieur le comte, le préfet de l'Isère et moi, si vous daignez répondre bien promptement aux questions que j'ai l'honneur de vous soumettre.

Daignez agréer l'expression de ma reconnaissance et me croire votre dévoué collègue.

Les soins du sommelier et du maître de cérémonies ne

---

(1) Lors du passage de Mme la duchesse d'Angoulême.

sont pas les seuls qui préoccupent le maire. Grenoble n'est pas riche en montures, et la *Correspondance*, en cette occasion, touche au grotesque. Le maire écrit, le 10 septembre, à M. Cordau, écuyer à Lyon :

> Envoyez six chevaux de main, les plus distingués que vous ayez, avec selles, brides et agencements convenables à pareille circonstance (1).

Le 2 octobre, à M. Calignon, négociant à Voiron :

> Je vous remercie pour votre jument que vous offrez pour le service de Monsieur; conformément à vos intentions, elle ne sera montée que par S. A. R. (2).

Enfin, le grand jour approche ; il faut songer à la table du prince.

Grenoble, le 5 octobre 1814.

Monsieur le maire de Gap,

L'arrivée du prince exige que nous le recevions dignement. La localité laisse à désirer beaucoup de choses, principalement pour la table.

Je vous prie de faire chasser dans les environs de votre ville et acheter pour notre compte des perdrix rouges, des lapereaux et des alpins ; je vous prie d'y joindre des truffes noires, environ 25 livres. On vous remboursera (3).

Le maire de Gap fit deux envois de gibier. — « Le second surtout, dit la *Correspondance*, était extrêmement parfumé par les truffes. »

Grenoble, le 7 octobre 1814.

Monsieur le maire de Chambéry,

Nous devons assurer le service de la table. Entre autres objets

---

(1) *Registre de la correspondance*.
(2) *Id*.
(3) *Id*.

qui ne peuvent se trouver à Grenoble, sont des poissons appelés *lavaret* et *omble-chevalier* que le lac du Bourget seul peut fournir. Veuillez nous en envoyer (1).

Mais les Majestés passent, et le maudit quart-d'heure reste seul : il faut solder. Voici deux pièces justificatives que je donne *in extenso*, à cause des détails curieux qu'elles renferment. (*V*. Pièces justificatives M et N.)

Ainsi se terminèrent pour Grenoble les grands événements de l'année 1814.

II.

Après avoir rempli quelques-uns des vides laissés par M. Alb. Gras dans la série des faits et des pièces justificatives de l'histoire de l'occupation de Grenoble par les alliés et de la première restauration des Bourbons en 1814, nous arrivons avec lui au drame des Cent-Jours. Ici les lacunes sont plus importantes encore que dans la première partie de sa notice, car il a cherché en vain, soit dans notre cité, soit à Lyon, soit à Paris, les traces de l'armistice qui suivit le combat du 6 juillet et celle de la capitulation qui fut conclue le 9, et à la suite de laquelle les troupes alliées entrèrent dans Grenoble. Chose étrange ! on n'a pu retrouver nulle part ces documents, aussi intéressants pour l'histoire générale de la France à cette époque que pour celle de notre ville en particulier. Témoin bien souvent des regrets exprimés à cet égard, je me suis adressé à une personne honorable de Turin, M. Simondetti, que sa position mettait à même de me procurer ces titres, s'ils existaient dans les archives du Piémont, et j'ai été assez heureux, comme je l'ai déjà dit, pour voir ma démarche cou-

---

(1) *Registre des délibérations* de l'Hôtel-de-Ville.

rounée de succès. Que M. Simondetti me permette de lui en exprimer ici ma reconnaissance (1)·

Je reprends le récit de M. Alb. Gras au 7 mars 1815.

Les événements ont marché. L'étoile des Bourbons, si radieuse à son début, a pâli de nouveau. L'idole de la veille n'est plus celle du lendemain. Napoléon apparaît à l'horizon... On craint une surprise, et toutes précautions sont bonnes à prendre. Voici une lettre du maire au commandant de la place :

Grenoble, le 6 mars 1815.

Monsieur le Commandant,

M. le préfet vient de prendre un arrêté sur la demande expresse de M. le lieutenant-général comte Marchand, qui défend que les tombereaux de nuit soient introduits dans la ville jusqu'à nouvel ordre et ordonne que les portes demeureront fermées conformément aux consignes militaires.

Cet arrêté m'ayant été transmis pour ce qui peut regarder les

---

(1) Ceci était écrit au mois de septembre 1855. Dès le mois de novembre, j'eus le plaisir d'annoncer à plusieurs membres de la Société de statistique que j'attendais ces pièces de Turin et que M. Gras n'ayant pu, malgré les plus actives recherches, se les procurer aux archives du département et de la ville où, lui fut-il répondu : *on ne les avait jamais vues*, je me ferais un devoir de les publier moi-même, comme une suite nécessaire de son travail sur l'histoire de notre cité. Un mois après, — le procès-verbal de la Société de statistique du département de l'Isère du 28 décembre 1855 en fait foi, — une copie de la capitulation de Grenoble en 1815 se retrouvait comme par enchantement... et paraissait modestement, en petits caractères, dans les pages perdues de ce procès-verbal.... Des circonstances particulières m'ont seules empêché de publier plus tôt cette pièce, qui, du reste, diffère un peu de celle imprimée dans le *Bulletin de la Société de statistique* (2ᵉ série, t. III, p. 411), et j'ai des raisons de croire que la copie en question est mauvaise. D'abord la rédaction, dans quelques-unes de ses parties, est différente de celle que j'ai reçue de Turin et qui m'a été certifiée conforme à l'original. Ensuite les signatures apposées au bas de cette copie ne portent pas leurs qualités avec elles pour la plupart, ce qui est déjà un indice de copie faite à la légère et me donne de la défiance sur l'authenticité de la pièce. Du reste, elle n'est certifiée par personne.

habitans, je vous prie de vouloir bien donner l'ordre aux portiers-consignes pour qu'il soit sévèrement exécuté.

J'ai l'honneur, etc. (1).

Le lendemain 7, ces précautions ne suffisent plus; Napoléon marche ouvertement sur Grenoble. Les *intelligences* qu'il a dans la place, ou les *curieux*, comme les appelle le maire, donnent lieu à une nouvelle lettre de celui-ci au commandant de place :

D'après la proclamation de M. le préfet du 5 courant, les rassemblements sont défendus; cependant on vient de me rapporter que des curieux se portent du côté de la porte de Bonne et obstruent la voie publique.

Je vous prie de donner des ordres pour que les citoyens puissent circuler librement et pour empêcher les rassemblements en faisant faire des patrouilles.

J'ai l'honneur, etc. (2).

Le même jour, le préfet se rend au sein du conseil municipal pour lui faire une communication importante. (*V.* Pièce justificative O.)

Mais quelques heures suffirent pour changer ces belles dispositions. Cette séance du conseil municipal fut la dernière.

D'un autre côté, le préfet harangue la garde nationale. « Celle-ci, ainsi que le raconte M. Gras, avait été invitée le matin même, par une proclamation du maire, à se présenter immédiatement à l'Hôtel-de-Ville, pour retirer les armes qui y avaient été déposées et soumises à un examen. Déjà, disait-il, plusieurs gardes nationaux ont prévenu cette invitation. » Ce fait est prouvé par la déclaration suivante (3).

Charles Renauldon, propriétaire (ancien *maire*), déclare que

---

(1) *Registre de la correspondance.*
(2) *Id.*
(3) *Mémoire justificatif pour le comte Marchand*, p. 18. — Besançon, veuve Couché.

le 7 mars 1815, époque à laquelle il était maire de Grenoble, quelques gentilshommes et quelques habitans de cette ville, très connus par leur attachement à la cause royale, se présentèrent à l'Hôtel-de-Ville, vers neuf heures du matin ; que, sur leur demande, il leur fut délivré des armes; ils déclarèrent au maire qu'ils faisaient cette démarche sur l'*invitation* formelle de M. le général Marchand, commandant la 7ᵉ division militaire, qu'ils se proposaient de former un corps d'élite et mobile qui serait employé concurremment avec les troupes de ligne, à repousser l'ennemi qui s'avançait avec rapidité.

Grenoble, 4 mars 1816.

Signé : Renauldon.

De son côté, enfin, le général Marchand faisait tout ce qu'il était humainement possible de faire à un général qui sent l'hésitation autour de soi et qui voit ses soldats l'abandonner. L'indécision n'était pas dans son caractère, nous l'avons vu plus haut, même alors qu'il se trouvait en présence de celui qui lui avait, il est vrai, donné ses grades, mais qui l'avait délié de ses serments. L'honneur lui avait dicté d'avance la ligne de conduite qu'il avait à suivre. Devant l'impuissance où il se trouva, il dut se retirer; et quels que soient les divers jugements qu'on ait portés sur sa conduite dans ces moments difficiles, quelles qu'aient été les insinuations qui servirent de base à l'accusation (1), il ne sortit pas moins sans tache de cette terrible épreuve. Le conseil de guerre de Besançon l'acquitta à l'unanimité.

Le *Registre des délibérations* ne donne plus signe d'existence qu'au 5 mai suivant, lors de la modification du conseil municipal par Bourdon-Vatry, commissaire extraordinaire. Je crois devoir donner ici le compte-rendu de cette séance et le faire suivre de la liste des nouveaux conseillers municipaux, afin de rétablir des noms omis par M. Gras. (*V.* Pièce justificative P.)

---

(1) *Mémoire justificatif.*

Je ne redirai pas les événements qui suivirent l'entrée de Napoléon à Grenoble. J'arrive maintenant au second envahissement des armées de l'Europe coalisée.

« ... Une ligue sainte, sous le nom de *fédération*, s'organisa dans les principales provinces pour résister jusqu'à la mort à l'invasion de l'ennemi et défendre l'honneur et l'indépendance de la patrie.. (1). » L'élan des citoyens répondit au nouveau danger du pays. De toutes parts on accourut se faire inscrire comme *fédéré.* Comme l'année précédente, les citoyens avaient répondu avec enthousiasme à l'appel de l'autorité; comme l'année précédente, la poésie voulut, elle aussi, à l'exemple des bardes, payer son tribut en excitant à la résistance. (*V.* Pièce justificative Q.)

Je trouve opportun de citer encore ici quelques pièces *non officielles*, mais qui n'en n'ont pas moins leur portée à un certain point de vue : je veux parler d'un N° supprimé du *Journal du département de l'Isère*, d'une chanson populaire et du passage de Napoléon à Rives. Je commence par le journal.

Napoléon venait d'entrer dans Grenoble (7 mars). Il dut aussitôt prendre les mesures nécessaires pour consolider une œuvre qui commençait sous d'aussi heureux auspices, et il ordonna par conséquent à M. Champollion-Figeac, qui était venu se mettre à sa disposition, de supprimer et mettre au pilon le journal du département de l'Isère, qui contenait des actes contraires à son entreprise et qui devait paraître le mercredi 8, au matin. Ce journal, qui porte le numéro 29, fut remplacé par un autre exemplaire portant le même numéro, qui fut publié le jeudi 9 ; de sorte qu'il y a deux numéros 29 de la xviiie année de ce journal. Seulement, il ne reste qu'un exemplaire de la 1re édition supprimée, et c'est cet exemplaire que je place ici avec l'agrément de M. Champollion-Figeac, qui a bien voulu m'en laisser prendre copie. (*V.* Pièce justificative R.)

---

(1) Notice de M. Alb. Gras, p. 44.

Quant à la chanson ou pot-pourri dont j'ai parlé plus haut, composée au fur et à mesure que les événements se développaient, elle devint bientôt populaire, à ce point qu'on n'entendait qu'elle dans les rues. C'est de l'esprit gaulois au premier degré, et c'est d'elle que je disais, en commençant, que la caricature aussi fournit de précieux documents à l'histoire. Malheureusement, des motifs de convenance m'ont fait renoncer, pour le moment du moins, et alors que j'y avais déjà fait allusion au commencement de mon récit, à la publication de ce curieux écho de l'opinion publique à cette époque. J'ai dû faire ce sacrifice devant d'honorables et légitimes instances.

J'arrive à la troisième des pièces que j'ai annoncées. Une partie de cet intéressant récit a paru en 1839 dans le IVe volume de l'*Album du Dauphiné*, et je saisis avec empressement l'occasion qui s'offre aujourd'hui de le publier en entier. (*V.* Pièce justificative S.) Je ferai seulement remarquer que, dans une brochure de circonstance publiée en 1852 (1) par M. Auguste Vitu, secrétaire de M. le préfet de l'Isère, l'auteur, non content d'avoir suffisamment puisé à cette source, s'est encore plû à orner son récit de faits dénaturés, mais dont il a eu soin de laisser, par une note, la responsabilité à M. Aug. Blanchet, qui n'en a jamais écrit un mot. C'est ainsi qu'il raconte une anecdote sur Mme A. B., anecdote qui n'est qu'un conte : Mme A. B. ne se déguisa jamais en fille d'auberge afin de pouvoir pénétrer jusqu'à l'Empereur ; elle se contenta, pour esquiver la consigne de la sentinelle, de prendre quelques assiettes des mains d'une servante et les transporta dans la salle à manger. C'est ainsi qu'elle put tout à la fois voir l'Empereur et donner à M. Vitu l'occasion d'écrire une belle histoire. *Cuique suum.*

Tout se préparait pour la résistance. Dès le 8 juin, la mu-

---

(1) *L'Empereur à Grenoble, 1815-1852.* — Grenoble, F. Allier et fils. 1852. — in-12. 22 pages.

nicipalité donna ordre aux habitants de s'approvisionner pour six mois, en cas d'investissement de la ville (1). — (*V.* Pièce justificative T.)

Mais la France voyait la fortune lui devenir contraire. Malgré les héroïques actions de ses défenseurs, l'ennemi faisait tous les jours des progrès rapides ; Grenoble était sérieusement menacé. Les événements avaient forcé le maréchal Suchet à conclure avec le général Frimont une convention d'armistice d'après laquelle le département de l'Isère fut requis de fournir 20,000 rations pour le 1er juillet et autant pour le 2, au corps d'armée austro-sarde qui se trouvait sur la frontière de l'Isère (2).

Voici une série de documents relatifs à cet événement. (*V.* les Pièces justificatives U, V, X et Y.)

Les fournitures, comme on le voit par les pièces précédentes, ne se font que difficilement. On frappe des réquisitions de voitures, de chevaux, de grains. Les citoyens n'y répondent qu'avec peu d'empressement ; les conseillers municipaux en font autant de leur côté pour les réunions du conseil ; Grenoble n'a pu jusqu'à présent faire parvenir que 25,000 rations. Les hostilités recommencent. Le siége est imminent. La fourniture de rations doit cesser. (*V.* la Pièce justificative Z.)

Je ne veux point raconter la journée du 6 juillet après M. Gras. Il me suffira de citer les pièces suivantes à l'appui de son récit. (*V.* les Pièces justificatives AA et BB.)

La première de ces deux pièces parle d'une suspension d'armes demandée par les assiégeants. La voici telle que je l'ai reçue de Turin, ainsi que je l'ai dit plus haut : je crois devoir l'insérer ici au lieu de la transporter parmi les pièces justificatives imprimées à la suite de cette notice.

---

(1) *Registre des délibérations* de l'Hôtel-de-Ville.
(2) Notice de M. Gras.

ARMISTICE.

SUSPENSION D'ARMES

Convenue entre M. le major général, comte Gifflenga, chargé des pleins pouvoirs de S. E. le comte de La Tour, lieutenant-général commandant les troupes austro-sardes devant Grenoble, d'une part; M. le colonel d'Hautpoul, chargé du pouvoir de M. le maréchal de camp Motte-Robert et M. le major Lavaudan, chef de la seconde légion de la garde nationale, d'autre part.

ART. 1er.

Il y aura trois jours francs d'armistice, sans que l'on puisse l'enfreindre de part et d'autre.

ART. 2.

A l'expiration des trois jours, c'est-à-dire le 9 à midi, s'il n'y a pas eu d'arrangements ultérieurs, les hostilités recommenceront.

ART. 3.

On ne fera de part et d'autre aucuns travaux de fortification et particulièrement aucune tranchée ni batterie, à aucune distance que ce soit de la place.

ART. 4.

Il sera facultatif à la garnison de faire toutes les réparations d'entretien aux bâtardeaux d'amont et d'aval qui soutiennent les eaux dans le fossé, ces travaux n'étant point considérés comme travaux de fortification.

ART. 5.

Les faubourgs seront occupés par les troupes de la division austro-sarde, aux ordres de M. le comte lieutenant-général La Tour, de sorte que tous les dehors de la place leur appartiendront, les demi-lunes et chemins couverts exceptés. Les postes seront posés de concert avec M. le major-général, comte Gifflenga, et le colonel d'Hautpoul.

ART. 6.

Le général La Tour n'entend occuper que la rive gauche de l'Isère, et toujours à la distance réglée ci-dessus.

Art. 7.

S'il s'élevait quelques difficultés sur l'exécution des articles ci-dessus, elles seront réglées à l'amiable entre les parties contractantes.

Fait à double, au faubourg Joseph (sic) de Grenoble, le 6 juillet 1815, à une heure de l'après-midi.

Signé : LAVAUDAN.

Signé : GIFFLENGA.

Signé : D'HAUTPOUL.

Approuvé par nous maréchal de camp commandant supérieur de la place en état de siége.

Signé : MOTTE.

Ce même jour, le maire dut prendre certaines précautions : « Permettez-moi, écrivait-il au général Motte, de vous entretenir d'un objet qui n'a pas été sûrement prévu dans le traité d'armistice que vous avez conclu aujourd'hui. Il s'agit de l'enterrement des morts qui pourront avoir lieu pendant trois jours, si vous ne pouvez laisser ouvrir la porte de Très-Cloîtres, pour remplir ce devoir, etc. » (1).

Le lendemain 7, ce cas se présente :

Le maire de Grenoble, ensuite de la lettre de M. le maréchal de camp Motte, commandant supérieur de la place, du 7 de ce mois, et vu les circonstances où se trouve la ville de Grenoble, autorise le fossoyeur à enterrer les morts de la ville de Grenoble jusqu'à nouvel ordre dans l'ancien cimetière de Saint-Laurent de cette ville (2).

Voici encore la suite des séances du conseil municipal. (*V.* les Pièces justificatives CC, DD, EE, FF.)

Comme on le voit, un certain nombre d'habitants étaient

---

(1) *Registre de la correspondance.*
(2) *Idem.*

hostiles à la reprise du siége. La lettre suivante du maire, en date du 8, vient encore à l'appui de ce fait :

Monsieur le colonel-commandant d'armes de la place,

Le conseil municipal vient d'être informé que quelques personnes inquiètes se promettent de s'emparer de divers postes de la ville et notamment des portes, et de sonner ensuite le tocsin. Je vous engage à prendre toutes les mesures nécessaires pour éviter un pareil événement qui jetterait l'alarme et le désordre dans la ville, et notamment de faire garder les clochers.

J'ai l'honneur, etc. (1).

Le 9 juillet arrive, et avec lui la fin du siége.

Voici la capitulation qui, à l'exemple de l'acte d'armistice, doit trouver sa place ici.

CAPITULATION.

Au jour d'huy 9 juillet 1815 la capitulation ci-après a été arrêtée entre Messieurs le colonel du génie d'Hautpoul, Noël commandant l'artillerie de la place, et Falcon commandant la garde nationale de la ville de Grenoble, tous les trois munis de plein pouvoir de Monsieur le baron Motte, maréchal de camp commandant-supérieur de la place de Grenoble, d'une part ;

Monsieur le major-général comte Giffienga, muni de plein pouvoir de S. Excellence le lieutenant-général comte de la Tour, commandant les troupes austro-sardes sous la place de Grenoble, d'autre part ;

Il a été convenu :

ART. 1er.

Accordé pour ce qui regarde la garnison qui n'emmènera qu'une seule pièce avec son caisson que S. E. le lieut'-comm^t en chef accorde à Mons. le maréchal de camp Motte et à sa brave garnison.

La garnison sortira avec armes et bagages et emmènera quatre pièces de canon attelées avec leurs caissons ; elle ne sera point prisonnière de guerre et pourra se replier sur les avant-postes les plus près de Grenoble.

---

(1) *Registre de la Correspondance.*

Accordé, quant à l'inventaire; mais on se réglera d'ailleurs, à cet égard, de la manière qu'il aura été convenu par les Généraux alliés qui occupent les autres places de France.

ART. 2.

Il sera dressé un inventaire de l'artillerie de la place, ainsi que de tout le matériel de l'artillerie et du génie existant soit dans les magasins, soit dans la place, et tous les objets qui seront portés sur ledit inventaire seront rendus par les troupes alliées lors de l'évacuation de la place. Les Directeurs d'artillerie et du génie resteront dans la place le temps nécessaire pour dresser les inventaires, conjointement avec les Commissaires des troupes alliées.

ART. 3.

Accordé.

Il sera fourni à la garnison les voitures nécessaires pour le transport de ses bagages.

ART. 4.

Il sera délivré des passeports pour l'ancienne France, dans les limites du traité de Paris.

Il sera délivré des passe-ports aux personnes soit civiles, soit militaires, qui voudront se rendre chez elles, dans le cas où leur pays seroit occupé par les troupes alliées.

ART. 5.

Rien ne sera distrait des magasins qui seront remis à Mons. l'Intendant-Général des armées alliées.

Tous les magasins de siège en vivres, fourrages, hôpitaux et bois de chauffage seront remis sur inventaire par le Commissaire des Guerres de la place à Mons. l'Intendant-Général de l'armée.

ART. 6.

Approuvé.

Les militaires français qui se trouvent dans les hôpitaux de la place continueront d'y être traités avec tous les soins et toute l'humanité possibles, jusqu'à ce qu'ils puissent être évacués sur l'une des villes non occupées par les puissances alliées.

ART. 7.

Provisoirement, la garde nationale gardera ses armes; elle fera le service, si le général La Tour le juge; le général La Tour interposera ses bons offices auprès de S. E. le Général en chef, baron de Frimont, pour qu'elle soit maintenue en activité; pour ce qui regarde les couleurs, on s'en rapporte à l'article de la proclamation de S. E. le Général en chef, Bon de Frimont.

La garde nationale urbaine, y compris la compagnie des pompiers, forte de neuf cent cinquante hommes, conservera ses armes pour veiller et concourir avec les puissances alliées au maintien de l'ordre et de la tranquillité publiques, et jusqu'à ce qu'il en soit autrement ordonné par le gouvernement français, elle conservera les couleurs qu'elle porte en son drapeau.

ART. 8.

Accordé.

Les propriétés seront respectées et tous les citoyens protégés, quelles que soient les opinions qu'ils aient professées dans toutes les circonstances que ce soit.

3

Convenu.	**Art. 9.** La garnison évacuera la place aujourd'hui 9 juillet à sept heures du soir ; à une heure après-midi, les portes de la rive gauche de l'Isère seront remises aux troupes des puissances alliées, qui placeront une compagnie à chaque porte.
Il est répondu à cet article par la proclamation de S. E. M^r le Général en chef, baron de Frimont.	**Art. 10.** Il ne pourra être mis aucune contribution extraordinaire sur la ville de Grenoble. Les contributions ordinaires pourront être exigées Fait à double, à Grenoble, le neuf juillet 1815.

Signé :
Le *Maj. Gén.*, comte de GIFFLENGA

Le col.   A. NOEL
FALCON   *col.*

D'HAUTPOUL.

Ratifié par nous *Maréchal de camp, Commandant supérieur de la place de Grenoble, baron de l'Empire, officier de la Légion-d'Honneur,*

MOTTE.

On sait comment cette capitulation, si honorable pour la ville de Grenoble, fut observée.

Malgré les promesses les plus solennelles et qui devaient être sacrées, les Austro-Sardes pillèrent déloyalement l'arsenal de Grenoble. Peut on le dire sans rougir ? Les alliés trouvèrent dans notre cité et dans les environs des *alliés* pour acheter le produit de leurs rapines..... Ils vendirent à des particuliers tout le butin qu'ils avaient fait ; et plus tard le gouvernement fit offrir aux acquéreurs le remboursement, avec indemnité convenable, des déboursés qu'ils avaient faits dans cette circonstance (1). Les dégradations commises par

---

(1) *V.* les avis insérés dans les n^{os} du *Bulletin administratif* des 7 décembre 1815 et 16 janvier 1816.

les étrangers aux bâtiments de l'artillerie montèrent au chiffre de 24,000 fr. (1).

Je donne enfin les pièces suivantes comme pièces justificatives et complément de la notice de M. Alb. Gras. *(V.* Pièces justificavives GG, HH, II, JJ, KK, LL, MM, NN et OO.)

PIÈCES JUSTIFICATIVES.

I. — Pièce A.

(Page 9.)

AUX DAUPHINOIS.

(Janvier 1814).

ODE PATRIOTIQUE (2).

Eh quoi ! le sol sacré de ma noble patrie
Par de lâches brigands est en vain ravagé !
Longtemps dominateur de l'Europe asservie,
Le Français insulté vit et n'est pas vengé !

Il abjure son nom et son antique gloire,
Il est vil à jamais aux yeux de l'univers,
Et celui que porta le char de la victoire,
Esclave sans combats, le suit chargé de fers....

---

(1) *Registre des délibérations* de l'Hôtel-de-Ville, *Mémoire pour la conservation de l'école d'artillerie,* pag. 187 et suiv.

(2) Cette ode ne fut point imprimée dans le *Journal du département de l'Isère* telle qu'elle est ici. L'*autorité* adoucit certaines pensées et expressions qui auraient pu déplaire à nos amis les ennemis.   A. B.

De fers!... et nous avons conquis le Capitole !
Et le Thabor a vu nos drapeaux triomphants !
Guerriers de Marengo, d'Austerlitz et d'Arcole,
Ah ! si vous n'êtes plus, n'avez-vous point d'enfants ?

Faudra-t-il du vaincu subir la destinée,
Laisser de nos aïeux profaner les tombeaux,
Le temple de Vesta, celui de l'Hyménée,
Et voir de nos enfants renverser les berceaux ?

Des Tartares sortis de leurs sombres repaires,
De sauvages clameurs font retentir les airs :
De tigres affamés tels les cris sanguinaires
Remplissent de Barca les immenses déserts.

Le lâche vainement a fui d'un pied rapide :
Invisible ennemi, partout l'atteint la mort.
Mais elle craint le brave (1) : à l'exemple d'Alcide,
Il peut vaincre à la fois et la Parque et le Sort.

Que par la mort enfin sa valeur soit trompée ;
Ses fils, ses compagnons, versant de mâles pleurs,
Sur son marbre funèbre aiguisent leur épée :
Commandés par son ombre, ils sont bientôt vainqueurs.

L'amour de la patrie est-il jamais stérile ?
Non ! la France en son sein a des Bayard encor !
Glorieux Dauphiné, n'aurais-tu point d'Achille,
Quand l'Alsace guerrière a vaincu sous Nestor ? (2)

Des parjures du Rhin osent franchir les rives,
Mais bientôt le génie a vaincu le destin.
Napoléon paraît... Leurs hordes fugitives
Aux foudres d'Iéna se dérobent soudain.

---

(1) Masséna avait dit à ses braves, à Gênes : « Ne craignez rien ; la mort
» même a peur de vous. » A. B.

(2) Le commandant de Béfort, qui soutint un siége si glorieux, l'année
dernière, contre les Autrichiens, était un vieillard qui, privé de ses jambes,
se faisait porter sur la brèche. A. B.

De nos Alpes ainsi lorsque l'aigle s'élance,
Jusqu'au vautour sanglant, tout fuit épouvanté.
Il règne, il est vainqueur par sa seule présence,
Et dans les cieux déserts il plane avec fierté !

Par Augustin Blanchet,
Sous-lieutenant de la garde nationale de Rives.

11. — Pièce B.

(Page 10.)

A dix heures du matin, le conseil municipal réuni sur la convocation de M. le Maire a fait unanimement la déclaration suivante :

DÉCLARATION DU CORPS MUNICIPAL DE LA VILLE DE GRENOBLE.

Au moment où les habitans de la ville de Grenoble apprennent les grands événemens qui, en prononçant la déchéance de Buonaparte, rendent le trône à une auguste famille qui fut toujours l'idole des Français, et qui leur est devenue plus chère encore par ses malheurs, le conseil municipal s'empresse d'exprimer en leur nom l'adhésion qu'ils donnent à une si heureuse restauration. Un autre sentiment remplit encore les cœurs, c'est celui de l'admiration et de la reconnaissance pour les illustres souverains qui ont secondé le vœu de la France, comprimé jusqu'à ce jour, et qui ajoutent à tant de magnanimité un bienfait non moins grand, celui de leur rendre leurs frères que le sort des armes avait mis en leurs mains.

Le conseil municipal arrête que la présente sera consignée dans les registres, portée en corps à M. le Préfet, qui sera prié de la faire parvenir au Gouvernement provisoire, et qu'elle sera dans le jour imprimée, publiée et affichée dans tous les lieux accoutumés. — Vive Louis XVIII !

Signé : Borel Saint-Victor, Allemand-Dulauron, Mérand aîné.

Vu et homologué par le préfet du département de l'Isère, qui ordonne que la présente déclaration du corps municipal soit sur-le-champ publiée et affichée avec solennité, comme exprimant les vœux unanimes des habitans, et comme un témoignage authentique de leurs sentimens pour l'auguste maison de France, qui va rendre à notre patrie, avec une paix durable, son ancienne prospérité et sa gloire, et fonder sur des bases anciennes et révérées l'union et le bonheur de tous les Français.

Vive le Roi !

Le Préfet du département de l'Isère, officier
de la Légion d'honneur,
Signé : Joseph Fourier.

Le maire de Grenoble certifie que la déclaration ci-dessus a été solennellement publiée dans la ville aux cris de Vive le Roi.

Le cortége est sorti de l'Hôtel-de-Ville, escorté par la garde nationale dans la plus grande tenue et commandée par M. de Montal, colonel commandant la cohorte. La première publication a eu lieu sur la place Saint-André, la seconde sur la place aux Herbes, la troisième sur la place Notre-Dame, la quatrième rue Très-Cloîtres, la cinquième au faubourg, la sixième sur la place de Pierre-Pontet, la septième rue de France, la huitième rue Saint-Laurent, et la neuvième place Grenette (1).

III. — Pièce C.

(Page 11.)

Messieurs,

J'ai fait imprimer et publier diverses pièces relatives aux événements politiques qui viennent de s'accomplir dans la capitale de la France. Les premières m'ont été adressées par ordre du Gouvernement provisoire, la dernière est extraite du journal officiel ; j'y ai joint la déclaration du Corps municipal de la ville de Grenoble. Il est nécessaire que ces pièces soient portées sans délai à la connaissance de vos administrés, et je vous invite à

---

(1) *Registre des délibérations* de l'Hôtel-de-Ville.

les faire publier et afficher dans le lieu le plus apparent de votre commune, immédiatement après la réception.

Vous apprécierez ces motifs en prenant connaissance de l'extrait suivant des instructions du Gouvernement provisoire :

« On est fondé à espérer que toute contrée française où l'on aura suivi l'impulsion donnée par le Sénat, le Corps législatif et le Gouvernement, sera considérée comme étant en paix avec les puissances coalisées. Si ce vœu se manifeste dans un département, les troupes qui auront à le traverser pour les opérations de la guerre encore subsistante, y passeront comme en pays ami ; s'il était émis dans une place assiégée, toute attaque serait suspendue ; enfin, s'il s'énonçait dans un port de mer, cette localité sortirait aussitôt du système de blocus et s'ouvrirait à toutes les communications. »

Je suis persuadé que les habitants de ce département feront éclater une joie unanime en apprenant que le bonheur de leur patrie est consolidé par le retour à jamais mémorable d'une autorité tutélaire et paternelle, qui regarde tous les Français comme ne composant qu'une seule famille, et doit ajouter à tant de titres augustes le bienfait d'une paix nécessaire et si longtemps désirée.

Il est inutile, messieurs, de vous recommander d'exciter le zèle des habitans de vos communes ; je vous invite seulement à en autoriser l'expression.

Aux motifs personnels qui me portent à vous adresser cette invitation, s'en joignent plusieurs autres qui sont puisés dans l'intérêt immédiat du pays. Je dois surtout vous exprimer combien il est douloureux pour moi de n'avoir pu communiquer avec les parties de ce département qui ont été les plus exposées aux malheurs de la guerre, et combien je désire de rétablir promptement ces communications, en offrant aux municipalités les directions et les secours qui peuvent dépendre de l'administration générale.

J'attends, messieurs, de votre zèle et de votre dévouement que vous vous conformerez à la présente instruction.

Je recevrai avec satisfaction l'assurance de votre concours, ainsi que celle des dispositions des personnes qui participent à l'exercice de l'autorité municipale. Il est convenable que les magistrats s'expriment publiquement ; leur voix donnera l'essor à toutes les autres, et appellera sur le pays les avantages résultant de la concorde publique et d'une paix stable, objet de tous les vœux.

Agréez, messieurs, l'assurance de ma parfaite considération.

Joseph FOURIER.

IV. — PIÈCE D.

(Page 11.)

Au quartier-général, à Grenoble, le 15 avril 1814.

ORDRE DU JOUR.

Le général de division comte Marchand, commandant la 4e division de l'armée de Lyon et la 7e division militaire, s'empresse de faire connaître aux troupes sous ses ordres, qu'ayant reçu officiellement de S. Excellence le ministre de la guerre les actes du Sénat conservateur et du Gouvernement provisoire de France, qui a prononcé la déchéance de l'Empereur Napoléon et de sa famille, ainsi que ses autres arrêtés relatifs au nouvel ordre de choses, il a réuni chez lui MM. les généraux, colonels, officiers supérieurs et chefs des différentes administrations militaires, qui tous ont adhéré unanimement à ces différens actes, et ont reconnu le gouvernement nouvellement établi, comme le seul et unique moyen de rendre la paix à notre pays.

M. le général de division espère que les militaires de tous grades des corps qu'il a l'honneur de commander répondront au vœu de tous les bons Français, et se réuniront de cœur et d'âme à leurs chefs ; ils sentiront que, dans cette circonstance, la plus faible opposition peut devenir le germe d'une guerre civile, le plus terrible de tous les fléaux.

Le général commandant prévient les troupes que, le Gouvernement n'ayant pas désigné les couleurs qui seront adoptées, la cocarde actuellement existante continuera à être celle de tous les militaires ; il les invite à respecter celle que les citoyens croiraient devoir porter pour signe de leur adhésion au nouvel ordre de choses. Le général compte, en cette circonstance, sur leur obéissance et leur dévouement à la patrie.

Le général de division,
Signé : Comte MARCHAND.

V. — PIÈCE E.

(Page 12.)

K: K: ŒSTERREICH. SUD-ARMÉE.

PASS.

Vorzeiger dieses H. *Victor Blanchet, papier meister*, hat Erlaubniss, von hier nach *Grenoble gelder uberhohlen*, mit Wagen, Pfèrden, Domestiguen abzugehen. Sàmmtliche Militaire- und civil Behörden werden nach Standes Gèbùhr ersuchet, diesen *H. Victor Blanchet nur allein* frey, und ungehindert-und zwar bis *Grenoble* passiren zu lassen.

Dieser Pass soll auf *zwey tage* gùltig seyn.

Gègeben im Hauptquartier der K : K : Sùd-Armée zu *Rives*, d. *14ˢ april 1814*.

Auf Befehl Sʳ Durchlaucht.

Vidi.
VAGELDINGER
Obrist.
Dass aus rucksicht die bewilligung ertheilt wird.

Des Kais : Kònigl : General der Cavallerie, Commandirenden, General der Süd Armée, Commandeur des militair Maria Theresien. — Grosskreùtz des Kònigl : hùngar st : Stephans. — des Kònigl : Preussischen schwarzen, und rothen Adler. — des Kais : Russischen st : Alexander Nevsky. — und Hessischen goldenen Lòwen Ordens, dann Obersten Innhaber des K : K : Hussaren Regiments Nro : 4.

v. KOLL, Hauptman.

Vidi. Und ist über die Vorposten passiren und repassiren zu lassen.

Sig. Voreppe den 15ᵗᵉⁿ april 1814.

,WIMPFFEN, *fml.*

Vu à Grenoble le 15 avril 1814.

Par autorisation de M. le Maire,

V. FAGOT. (1)

ARMÉE IMPÉRIALE ET ROYALE AUTRICHIENNE DU SUD.

PASSE-PORT.

Le porteur du présent, *M. Victor Blanchet, fabricant de papier*, a la permission d'aller à Grenoble chercher de l'argent,

---

(1) Voir le *fac-simile* placé à la fin de la brochure.

avec voiture, chevaux et domestiques. Toutes les autorités compétentes, militaires et civiles, sont priées, selon leur qualité, de laisser passer M. *Victor Blanchet*, seulement lui, librement et sans empêchement, et seulement jusqu'à Grenoble.

Ce passeport n'est valable que pour deux jours.

Donné au quartier-général de l'armée impériale et royale du Sud, à Rives, le 14 avril 1814.

Vu :
VAGELDINGER,
colonel.
Que cette permission soit donnée par considération.

Par ordre de Son Altesse Sérénissime le général de cavalerie, commandant-général de l'armée impériale et royale autrichienne du Sud, commandeur de l'ordre militaire de Marie-Thérèse, grand-croix de l'ordre royal hongrois de St-Etienne, des ordres royaux prussiens de l'Aigle noir et de l'Aigle rouge, de l'ordre impérial russe de St-Alexandre-Nevsky et de l'ordre hessois du Lion-d'Or, et en outre colonel propriétaire du 4ᵉ régiment impérial et royal de hussards.

DE KOLL, *capitaine.*

Vu, pour laisser passer et repasser aux avant-postes.

Signé à Voreppe, le 15 avril 1814.

WIMPFFEN,
Feld-Maréchal.

Vu à Grenoble, le 15 avril 1814.

Par autorisation de M. le Maire,

V. FAGOT, *secrétaire.*

VI. — PIÈCE F.

(Page 13.)

Du vingt-quatre avril mil huit cent quatorze.

Le Conseil municipal assemblé en suite de la convocation qui en a été faite par M. le maire, ont été présents :

MM. Renauldon, *maire*, de Lavalette, *adj^t*, Beyle *adj^t*, Revol, Piat-Desvial, Périer (Augustin), Flauvan, Gerboud, Durand (Charles), Giroud, Barthelon, de Marcieu, de Pisançon, Arthaud, Pasquier, Bernard, Allemand-Dulauron, Borel Saint-Victor.

M. le maire a donné lecture d'une lettre de M. le préfet en date de ce jour, dans laquelle il invite le Conseil à prendre les mesures convenables pour assurer la subsistance des troupes alliées qui occupent Grenoble.

Le Conseil municipal a nommé une commission composée de douze membres qu'il charge de prendre toutes les mesures convenables et d'assurer par tous les moyens la subsistance des troupes alliées.

Messieurs les membres de la commission nommée sont : MM. Revol, Gerboud, de Pisançon, Bernard, Durand, Pasquier, Humbert Dubouchage, de Chaléon, de Gauteron, Darbon, Rivier et Berthier (1).

Signé : BOREL SAINT-VICTOR.

VII. — Pièce G.

(Page 14.)

Ce jourd'hui, sept mai mil huit cent quatorze, à onze heures du matin, nous, Louis Du Mas de la Roque, commissaire des guerres du département de l'Isère, chargé de la police de l'arsenal de Grenoble, d'après l'ordre qui nous a été donné par Monsieur l'Ordonnateur de la septième division militaire de constater les voies et violences au moyen desquelles les troupes autrichiennes vouloient se procurer un inventaire des canons, armes et autres objets renfermés dans ledit arsenal,

Nous sommes transporté audit arsenal, où nous avons trouvé M. Dupuy de Bordes, capitaine d'artillerie, directeur par intérim de cet établissement, et deux cents soldats autrichiens, commandés par le major Alchanl (*sic*).

Et sur ce que nous avons demandé audit major ce qui pouvoit le porter à violer un établissement dont la direction et la police étaient confiées à l'administration française, ledit major nous a montré un ordre du général comte Bentheum (*sic*), autrichien, d'après lequel il réclamoit un inventaire dudit arsenal ; et après nous avoir observé que M. Dupuy de Bordes s'étoit opposé à donner ces états et à laisser entrer les troupes autrichiennes dans l'arsenal, il avoit l'ordre de son général de se les procurer par les voies de rigueur et brisement de portes dudit arsenal.

---

(1) *Registre des délibérations* de l'Hôtel de Ville.

Sur quoi ledit sieur Dupuy, voyant que les troupes autrichiennes se mettoient en devoir d'exécuter cet acte, a répondu que, n'ayant point de troupes à opposer à cette violation des traités en vertu desquels le gouvernement autrichien occupoit momentanément la ville de Grenoble (traités des huit et vingt-trois avril entre le gouvernement français et les troupes alliées *dont nous avons excepté*), et ne pouvant par conséquent repousser la force contre la force, il protestoit contre tout acte émané de l'autorité autrichienne qu'il ne pouvoit reconnaître.

Et ledit sieur Dupuy nous ayant demandé de prendre acte de la violence exercée par les troupes alliées dans un établissement dont il ne devoit compte qu'au ministre de Sa Majesté le roi de France et de la résistance qu'il y avoit apportée de sa personne, nous avons dressé le présent procès-verbal pour constater le violement de l'établissement royal de l'arsenal de Grenoble et l'obligation où nous avons été de le laisser à la merci des troupes autrichiennes qui s'en sont emparé, ainsi que la protestation dudit directeur et de la nôtre propre comme chargé de la police dudit arsenal ; pour expédition dudit procès-verbal, en forme de protestation, être envoyée de suite à Son Excellence le ministre de la guerre.

De tout quoi avons clos et arrêté le présent, qu'a signé avec nous M. Dupuy de Bordes, directeur de l'arsenal de Grenoble.

Grenoble, le jour, mois et an que dessus.

DUPUY DE BORDES.

Ci-joint l'état des objets existant à l'arsenal de Grenoble.

L. DU MAS DE LA ROQUE.

VIII. — PIÈCE H.

(Page 15.)

Du 28 avril 1814.

Monsieur le Préfet,

Les événements qui ont eu lieu et qui ont rendu à la famille des Bourbons le trône de France, ont porté la joie et l'espérance dans tous les cœurs des Français. Les habitants de Grenoble n'ont point été étrangers à l'ivresse générale, et ils désirent faire parvenir au pied du trône l'expression des sentiments qui les animent.

Je vous prie, Monsieur le Préfet, de vouloir bien m'autoriser à réunir le conseil municipal à l'effet qu'il délibère sur la députation que la ville est dans le cas de faire dans cette grande circonstance.

J'ai l'honneur de vous saluer avec respect (1).

IX. — Pièce I.
(Pag 16.)

Du vingt-neuf avril mil huit cent quatorze.

Le Conseil municipal assemblé ensuite de la convocation qui en a été faite par M. le maire, ont été présents :

MM. de Lavalette, 1er adj^t, Beyle, 2e adj^t, Revol, Vallier, Verney, Mérand aîné, Flauvan, Pasquier, Didier, de Barral (Charles-Joseph), Chanriont aîné, Gerboud, Arthaud, Bernard, Barthelon, Allier, Breton, Piat-Desvial, De Marcieu, Ducruy, Giroud, Durand (Charles), de Pisançon, Bonin, Périer (Augustin), Allemand-Dulauron et Borel Saint-Victor.

M. le maire a dit : « Après tant d'infortunes, le bonheur nous est rendu ; les Français gouvernés par le meilleur des pères, leur Roi légitime, se livrent de toutes parts à la joie, et la félicité devient leur partage.

« Les habitants de Grenoble ne sont point étrangers à cet état d'allégresse ; ils désirent qu'une députation porte au pied du trône l'expression des sentiments qui les animent ; c'est au Conseil municipal à désigner les personnes qui seront chargées d'une si honorable mission. »

Le Conseil municipal a de suite délibéré qu'une députation de dix-huit membres se rendroit à Paris, qu'elle seroit chargée de présenter au Roi l'adresse suivante qui a été rédigée et approuvée séance tenante :

Sire,

« Quelles expressions pourroient rendre à Votre Majesté le bonheur qu'éprouvent ses fidèles sujets de la province du Dauphiné, en ce jour à jamais mémorable où Dieu rend à la France le Descendant de ses Rois ! Il n'est rien qu'elle ne fasse pour son monarque légitime ; elle se montrera toujours digne d'avoir eu

---

(1) *Registre de la correspondance.*

longtemps une prérogative qui est l'objet de ses regrets, celle de donner son nom à l'héritier présomptif de la couronne, fils aîné de nos rois.

Sire, grâces soient rendues aux souverains généreux qui apportent la paix et le bonheur à notre patrie! Pénétrés de l'amour que tout Français a pour son roi, nous trouverons l'oubli de tous nos maux sous le sceptre glorieux et bienfaisant de Votre Majesté, qui vient nous rendre le culte de nos pères et nous donner des lois qu'elle a mûries dans sa sagesse. »

Le Conseil municipal a désigné pour députés MM. Renauldon, *maire;* le comte de Marcieu, *ancien colonel du régiment de Royal-Champagne, (cavalerie);* Allemand-Dulauron, *juge au tribunal de première instance;* de Lavalette, *adjoint à la mairie, ancien colonel au régiment d'Orléans (dragons);* Flauvan, *propriétaire;* Périer (Augustin), *négociant;* l'abbé de Laporte, *comte de Saint-Pierre de Vienne, ancien vicaire général de Toulouse;* l'abbé de Barral, *ancien vicaire général de Troyes;* l'abbé de Pina, *ancien vicaire général du Puy;* le marquis de Maubec, *ancien capitaine aux Gardes Françaises;* le marquis de Laporte, *ancien colonel du régiment de Soissonnais;* le vicomte d'Agoult, *officier supérieur des Gardes du Corps;* le marquis de Bérenger, *ancien major en second d'infanterie;* le comte de Morard, *ancien colonel du régiment Royal-Marine;* le général du Bouchage; le chevalier de Motte; Gabriel du Bouchage; de Montal, *colonel de la cohorte urbaine;* Morand, *ancien Garde du Corps;* Achard de Germane, *avocat,* qui sont invités à se concerter avec M. le maire pour le jour où la députation sera rendue à Paris.

Il ne sera accordé aucune indemnité de voyage aux députés, M. le maire excepté; M. le Préfet est prié de vouloir bien mettre à sa disposition une somme de *trois mille* francs pour les frais qu'il sera dans le cas de faire.

Cette somme sera prise sur les dépenses imprévues de 1814; à cet effet, le Conseil municipal prie M. le Préfet de vouloir bien augmenter le crédit demandé de pareille somme, qui sera déduite de celle proposée pour à-compte sur l'acquisition du Polygone (1).

Borel Saint-Victor, Allemand-Dulauron, Mérand aîné.

---

(1) *Registre des délibérations* de l'Hôtel-de-Ville.

X. — PIÈCE J.

(Pag. 16.)

TABLEAU
Des réquisitions faites pour le service des alliés.

NOMBRE des objets requis.	DÉSIGNATION DES OBJETS REQUIS.	NOMBRE des réquisitions.
14	Quintaux métriques de sel..........................	2
50	— — de foin........................	1
4950	Litres d'avoine.......................................	1
18	Marmites...	3
1	Bateau pour transporter deux fourgons d'ambulance à Valence...	1
50	Livres d'étoupe pour le service de l'artillerie...........	1
154	Hectolitres de vin....................................	22
40	Cadenas...	1
	8 matelas, 8 paires de draps, 12 serviettes et 12 couverts. Cette réquisition fut faite au proviseur du collége, pour le service de la maison de M. le général comte de Binteins (*sic*, pour Bentheim)............	1
7	Livres de ficelle propre à coudre le cuir	1
1	Livre de fil..	1
1100	Aunes de chevelières (rubans de fil) de 9 lignes de large pour fixer le coutil des charriots....................	1
50	Boucles de havresac	1
2	Livres de cire jaune...................................	1
254	Kilos (608 liv. 1/2) (*sic*) de fer	1
1	Râtelier d'armes	1
6	Aunes de triège pour couvrir des charriots de munition.	1
23	Chevaux à ferrer, dont 6 appartenant au prince de Lischtentein..	8
12000	Clous à ferrer...	6
600	Fers à cheval	2
4270	Clous conformes aux échantillons présentés............	2
6	Sacs propres à contenir de l'avoine...................	1
1	Réparation d'une paire de bottes	1
31	Paires de bottes, ou le cuir nécessaire pour les confectionner...	11
10	Cordonniers requis de faire des souliers	10
2	Peaux de cuir dit Brigady, pour réparer la chaussure du bataillon de Reuss................................	1
2	Peaux de cheval préparées à l'alun	2
2	— de cuir de bœuf noirci........................	1
15	— de veau préparées à l'huile....................	1
87	Livres 1/4 de corde de trait...........................	2
	A reporter......	89

NOMBRE des objets requis.	DÉSIGNATION DES OBJETS REQUIS.	NOMBRE des réquisitions.
	Report......	89
3	Locaux pour un armurier, un maréchal et le maître sellier du régiment Wurtzbourg-cavalerie............	3
	Il convient d'ajouter encore les réquisitions suivantes, dont les objets sont seulement désignés sans que la quotité en soit précisée :	
	Fers à cheval.....................................	1
	Clous à ferrer...................................	1
	Blanc de Troyes.................................	1
	Graisse de porc..................................	1
	Drap gris foncé pour deux pantalons.................	1
	Savon...	2
	Médicaments suivant l'état annexé aux réquisitions....	6
	Toile forte pour sacs destinés à faire manger l'avoine..	2
	Peaux de veau...................................	4
	Paires de traits pour l'artillerie.....................	1
	Réquisition faite au directeur des lits militaires de faire lessiver les paillasses des casernes de Bonne, et d'en faire mettre au four tous les traversins et couvertures, qui sont infectés d'insectes	1
	Réquisitions d'ouvriers, en nombre indéterminé, pour divers services	4
	Voitures à 1, 2, 3 ou 7 chevaux (1).................	382
	Chevaux...	540
	TOTAL des réquisitions constatées par le livre de *Correspondance* de la mairie, pendant le séjour des alliés à Grenoble	1039

(1) Le plus souvent, c'est pour conduire les bagages des troupes alliées ou quelqu'un de leurs officiers se rendant dans les villages environnants. Il y a deux de ces réquisitions faites pour transporter un officier anglais à Moirans et deux officiers hollandais au Touvet. Parfois, l'habitant refuse d'acquiescer à l'ordre du maire, et les mots *restée sans effet* sont écrits à la marge de la réquisition sur le livre de la correspondance. Le 10 mai seul il y eut trente-neuf réquisitions de voitures. Je ne parlerai pas des réquisitions de logements qui durent être nombreuses, comme on doit l'imaginer. J'en citerai une néanmoins qui donna lieu à une scène fort désagréable. Elle fut faite à M. de Vourey, pour un colonel, un officier et ses domestiques, et il fut obligé, pour satisfaire à cette réquisition, de faire sortir de chez lui un officier français qui y était logé.

XI. — Pièce K.

(Page 16.)

Grenoble, 17 mai 1814.

J'ai l'honneur de vous faire connaître qu'il résulte du registre des délibérations de la commission établie près la mairie de Grenoble pour pourvoir à la subsistance des troupes alliées, des marchés que la commission a passés avec divers fournisseurs et des états de situation fournis,

Que les dépenses faites fin au 13 mai 1814 pour les fournitures en vivres, pain, vin, viande, légumes, fourrages, tables de généraux et indemnité de table aux officiers supérieurs, s'élèvent par approximation, fin à ce jour, à la somme de deux cent mille francs;

Que la commission a pourvu à ces dépenses et a soutenu le service jusqu'à ce moment au moyen :

1° D'un emprunt de 50,000 fr., dont le remboursement, etc;
2° D'un emprunt à titre d'avance de 5,500 fr., etc ;
3° D'un autre emprunt de 7,391 fr., etc.

Ainsi les fournisseurs sont en avance de sommes très considérables dont ils sollicitent le payement.

Pour effectuer ces payements nécessaires pour continuer le service, je vous prie, Monsieur le préfet, de mettre à ma disposition des fonds pour subvenir aux besoins pressants.

J'ai l'honneur, etc. (1).

XII. — Pièce L.

(Page 19.)

Du 4 août 1814.

Le Conseil municipal assemblé ensuite de l'autorisation de M. le préfet et de la convocation qui en a été faite par M. le maire, ont été présens : MM. Renauldon, *maire;* de Lavalette, Beyle,

---

(1) *Registre de la correspondance.*

Revol, Vallier, Verney, Flauvan, Pasquier, de Barral (Charles-Joseph), Chanriont *aîné*, Gerboud, Arthaud, Bernard, Barthelon, Piat-Desvial, Ducruy *aîné*, Breton, Giroud, Durand, (Charles), de Pisançon, Bonin, Périer (Augustin), Allemand-Dulauron, Borel Saint-Victor.

M. le Maire a dit qu'ayant été informé du prochain passage de Madame la duchesse d'Angoulême dans la ville de Lyon, il lui a paru convenable de faire une députation qui se rendrait dans cette dernière ville et qui serait chargée de présenter à S. A. R. les vœux et les hommages des habitans de Grenoble.

Le conseil municipal délibère qu'il sera fait une députation auprès de S. A. R. Madame la duchesse d'Angoulême, qui sera chargée de présenter l'adresse suivante approuvée à l'unanimité :

« Madame,

» Nous sommes heureux d'être les interprètes chargés d'exprimer à l'auguste fille de Louis XVI les sentimens d'amour et de respect des habitans de la ville de Grenoble; nous manquons d'expressions pour faire connaître le dévouement et la profonde affection qu'ils portent aux descendans d'Henri IV.

» Ils seroient au comble du bonheur s'ils pouvoient déposer à vos pieds, dans le sein même de leur cité, les témoignages de leur vénération pour les vertus qui ornent votre caractère. Si tous les Français ont droit à vos bontés, les habitans d'une province qui s'enorgueillit de donner son nom au fils aîné de nos Rois méritent de jouir de la présence de Votre Altesse Royale, et ils en sont dignes par leur amour et leur fidélité à votre auguste dynastie. »

Cette députation sera composée : de M. le Maire, *président* ; M. Pasquier, *propriétaire, membre du Conseil général du département et de la ville* ; M. Piat-Desvial, *juge au tribunal de première instance, membre du Conseil municipal* ; M. de Chichilianne, *propriétaire, membre du Conseil du département*, et M. de Galbert fils, *propriétaire*. MM. les députés sont chargés de s'adjoindre les personnes notables de cette ville qui peuvent se trouver dans ce moment à Lyon.

Le conseil municipal a encore délibéré que la ville seroit chargée des frais de voyage de M. le Maire seulement ; à cet effet,

M. le Préfet est prié de vouloir bien mettre à sa disposition une somme de 300 fr. sur les dépenses imprévues de 1814 (1).

XIII. — Pièce M.

(Page 23.)

Du 28 novembre 1814.

Le Conseil municipal assemblé ensuite de l'autorisation de M. le Préfet, ont été présens : MM. Renauldon, *maire, président ;* de Lavalette, Beyle, Revol, Vallier, Verney, Mérand aîné, Flauvan, Pasquier, Breton, de Barral (Ch.-Jos.), Chanriont *aîné,* Gerboud, Arthaud, Bernard, Barthelon, Piat-Desvial, Ducruy *aîné,* Giroud, Durand (Charles), de Pisançon, Bonin, Périer (Augustin), Allemand-Dulauron et Borel Saint-Victor.

M. le maire a dit que la convocation avait pour objet principal de liquider les dépenses faites à l'occasion de l'arrivée et du séjour de Monsieur, comte d'Artois, dans la ville, et de pourvoir aux moyens de les acquitter. Il a ajouté que ces dépenses paraissant devoir être supportées par le département et par la ville, M. le préfet a autorisé la présente réunion afin que le Conseil municipal délibère sur la portion de ces dépenses qu'il croit devoir être à la charge de la ville.

Il a observé que la ville ne devait point rester seule chargée de la totalité de la dette dont il s'agit, qui doit être commune au département ; qu'ainsi, après avoir préparé la liquidation de toutes les dépenses, le Conseil municipal doit reconnaître, sauf l'approbation de l'autorité supérieure, quelle portion de ces dépenses doit être payée par la ville ; que, pour remplir' cet objet, il convient de nommer une commission, qui fera son rapport au Conseil municipal.

Le Conseil municipal, ayant unanimement adopté cette proposition et les sentiments qui y sont exprimés, a nommé pour former ladite commision, MM. Pasquier, Revol, Piat-Desvial et

---

(1) *Registre des délibérations de* l'Hôtel-de-Ville.

Allemand-Dulauron, et la séance a été renvoyée au jour qui sera indiqué par M. le maire pour entendre le rapport de la commission (1).

BOREL St-VICTOR, MÉRAND *aîné*.

XIV. — PIÈCE N.

(Page 23.)

Du 21 décembre 1814.

Le Conseil municipal assemblé en continuation de la délibération du 28 novembre dernier, présens : MM. Renauldon, *maire;* de Lavalette, Beyle, Revol, Vallier, Verney, Bernard, Allemand-Dulauron, Gerboud, Durand (Ch.), de Pisançon, Flauvan, Périer (Aug.), Giroud, Bonin, Barthelon, Borel St-Victor, de Barral (Ch.-Jos.), Piat-Desvial, Chanriont, Pasquier, Breton et Ducruy *aîné*.

M. Piat-Desvial, au nom de la commission, a dit qu'elle s'était occupée de remplir l'objet dont elle avait été chargée ; qu'elle avait examiné avec la plus scrupuleuse exactitude tous les états de dépenses, et, après avoir entendu les parties intéressées, avait liquidé définitivement ceux qu'elle avait cru devoir concerner la ville et, provisoirement seulement, ceux qu'elle avait cru ne devoir pas la concerner.

M. Piat-Desvial a ensuite mis sous les yeux du Conseil municipal :

1° Le tableau général des dépenses faites, s'élevant à la somme totale de *quatre-vingt-sept mille quatre cent soixante-quinze francs soixante-dix-huit centimes,* divisé en vingt-deux chapitres ;

2° Un autre tableau contenant les différentes parties de dépenses que la commission avait cru devoir être particulièrement acquittées par la ville ;

3° Un autre tableau contenant les dépenses qu'elle a cru ne devoir pas être payées par la ville.

---

(1) *Registre des délibérations* de l'Hôtel-de-Ville.

Le Conseil municipal a unanimement arrêté que la ville resterait chargée d'acquitter les dépenses ci-après :

1° Sur le Chapitre 1er. — De toutes les illuminations faites dans l'intérieur de la cité, sauf celles faites à l'occasion du grand banquet, arrivant à . . . . 3,500 »

2° Chapitre 6. — De toutes les réparations faites à la salle de spectacle, arrivant à 19,046 82

3° Chap. 7. — De toutes les décorations extérieures, depuis le lieu où M. le maire a eu l'honneur de haranguer S. A. R. Monsieur, sauf le grand arc-de-triomphe, arrivant à . . . . 2,100 »

4° Chap. 14. — Des vins d'honneur, gants, écharpes, etc 3,666 75

5° Chap. 16. — De tous les travaux faits dans tous les lieux publics sur le passage de S. A. R. Monsieur 2,165 81

6° Chap. 18. — De toutes les réparations faites à l'hôtel de la Préfecture 5,978 32

7° Chap. 20. — Des dépenses relatives aux corporations 544 50

8° Chap. 21. — De la dépense relative aux distributions faites aux prisonniers . . . . 100 »

9° Chap. 22. — De toutes les dépenses diverses . . 1,480 85

Total des dépenses à la charge de la ville . . . 38,583 05

Le Conseil municipal espère que l'autorité, qui aura à prononcer ultérieurement sur la répartition des dépenses, prendra en considération qu'aucune des réparations dont la ville se charge (art. 2 et 6) n'étoient urgentes, qu'elles auroient été renvoyées à long terme, attendu la pénurie des finances de la ville, et qu'elles n'ont eu lieu que pour recevoir plus dignement le Prince qui venoit honorer par sa présence le chef-lieu du département.

Il observe encore que, parmi les dépenses faites dans la salle de spectacle, il y en a pour une somme excédant *quinze mille francs*, non permanentes, et faites à l'occasion seulement de la fête que S. A. R. a bien voulu agréer.

Le troisième tableau restera composé des autres dépenses :

1º Chapitre 1ᵉʳ — Illuminations	5,530	40
2º Chap. 2. — Chevaux et voitures pour le service de S. A. R.	3,295	01
3º Chap. 3. — Eclairage du Palais	586	87
4º Chap. 4. — Chauffage	140	»
5º Chap. 5. — Service des tables du Prince	10,371	48
6º Chap. 7. — Grand arc-de-triomphe sur l'Esplanade de la porte de France	5,714	21
7º Chap. 8. — Dépenses relatives à la garde à cheval	2,205	70
8º Chap. 9. — Banquet militaire	6,143	25
9º Chap. 10. — Vin distribué aux troupes	700	»
10º Chap. 11. — Feux d'artifice et feux relatifs	1,461	90
11º Chap. 12. — Service intérieur du Palais	873	»
12º Chap. 13. — Habillement des gens du service intérieur	2,446	46
13º Chap. 15. — Ameublement du palais	3,404	»
14º Chap. 17. — Secours accordé aux artificiers et à la veuve Lemaire	610	»
15º Chap. 19. — Bal, comédie, orchestre, composition de musique et répétitions	5,410	45
Total des dépenses à la charge du département.	48,892	73

Le Conseil municipal charge la commission qui sera nommée pour préparer le budget de 1815 de proposer les moyens les plus prompts d'acquitter les dépenses qui concernent la ville, et néanmoins, dès à présent, arrête qu'il est alloué à tous les créanciers des sommes dues, un intérêt à raison de six pour cent par an, à dater du premier de ce mois jusqu'au parfait payement (1).

(Le reste de la séance est étranger à cette affaire.)

---

(1) *Registre des délibérations* de l'Hôtel-de-Ville.

XV. — Pièce O.

(Page 25.)

Du 7 mars 1815.

A onze heures du matin, le Conseil municipal extraordinairement convoqué, ensuite de l'autorisation de M. le préfet, ont été présents : MM. Renauldon, *maire;* de Pina Saint-Didier, Beyle, Maurel, Dubois, Borel St-Victor, de Barral (Ch.-Jos.), Piat-Desvial, Chanriont, de Pisançon, Breton, Gerboud, Bernard et Flauvan.

M. le maire a fait lecture d'une lettre de M. le préfet, en date de ce jour, qui autorise la convocation du Conseil municipal; il a annoncé ensuite que M. le préfet lui avait fait connaître l'intention où il était de lui donner communication des lettres qu'il venait de recevoir, et de préciser plus particulièrement les précautions à prendre pendant les circonstances actuelles. Un instant après, M. le préfet est entré dans la salle du Conseil; il a fait lecture de la lettre qu'il venait de recevoir et dont le contenu est inséré dans la proclamation suivante :

« Une dépêche télégraphique, signalée à Paris hier 6 mars, à
» cinq heures précises du soir, vient de nous parvenir; elle nous
» est transmise à l'instant par le courrier de M. le comte de
» Chabrol, préfet du Rhône; la lettre de ce magistrat est datée
» de Lyon, 6 mars 1815, à dix heures du soir. Ces dépêches
» annoncent :

» Que son Altesse royale Monsieur, frère du Roi, se rend en
» toute hâte à Lyon, pour prendre le commandement de l'ar-
» mée qui se forme dans cette place.

» Nous nous empressons de publier cette nouvelle et de rap-
» peler aux fonctionnaires et aux administrés les motifs que nous
» avons exprimés dans nos précédentes proclamations, et tous
» les sentimens de fidélité qui doivent les attacher au Roi.

» Fait à Grenoble, en l'hôtel de la Préfecture, le 7 mars 1815.

Signé : Fourier.

Il a dit que peut-être la ville serait attaquée; que, dans ce cas, le devoir de tous les membres du Conseil municipal étoit de se trouver à l'Hôtel de Ville en séance permanente pour délibérer sur les moyens qu'il y auroit à prendre afin de maintenir l'ordre et la tranquillité, faire respecter les personnes et les propriétés, qu'ils doivent même aider M. le maire dans ses opérations.

M. le préfet s'est retiré à midi et demi après avoir reçu les remercîmens du Conseil municipal des communications qu'il a bien voulu lui faire.

M. le maire a annoncé à MM. les membres du Conseil que la séance était levée pour le moment, mais qu'elle était prorogée pour deux heures après-midi (1).

XVI. — Pièce P.

(Page 26.)

Du cinq mai mil huit cent quinze.

Nous Claude Colaud-Lasalcette, préfet par intérim du département de l'Isère, chevalier de l'ordre impérial de la Réunion, en vertu de l'arrêté de M. le Commissaire extraordinaire de Sa Majesté dans la 7ᵉ division militaire, accompagné de MM. Royer aîné, de Besson et Savoye, conseillers de préfecture, nous sommes rendu dans l'une des salles de la mairie de Grenoble, pour, de conformité au décret impérial du 22 avril dernier, procéder à l'installation de MM. les maire, adjoints et membres du Conseil municipal de ladite ville ; lesquels ont prêté individuellement entre nos mains le serment ci-après :

Je jure obéissance aux constitutions de l'Empire et fidélité à l'Empereur.

La prestation de serment a eu lieu dans l'ordre suivant.

MM.

Giroud (Pierre), receveur général, *maire*.

Perrin (Romain-Ives), avocat, *premier adjoint*.

Ducruy aîné (Jean-Baptiste), négociant et président du tribunal de commerce, *second adjoint*.

De Barral (Joseph-Marie), premier président de la cour impériale.

---

(1) *Registre des délibérations* de l'Hôtel-de-Ville.

MM.

Trousset (J^h), conseiller en la cour.
Durand (Ch.), négociant.
Renard (Rémy), payeur général de la 7e division.
Verney (Claude), propriétaire.
Duport-Lavillette (Jean-Baptiste), avocat, bâtonnier de l'ordre.
Perreton (Gabriel), conseiller en la cour.
Michal (V^{or}-Ét^{ne}), avocat.
Fournier (Bernard), docteur en chirurgie.
Trouilloud (F^{ois}), ancien notaire.
Chanriont (J^h), juge de paix du canton de Grenoble *sud-est*.
Blanc (André-Roch-André), avocat.
Berthier (Gaspard-Jean), juge de paix du canton de Grenoble *est*.
Rivier (Vincent), notaire.
Breton (Ét^{ne}), pharmacien.
Michoud (Luc-Antoine), conseiller en la cour.
Perrard (J^h-Eugène), conservateur des hypothèques.
Hache-Lagrange (André), propriétaire.
Jayet fils aîné (F^{ois}-Claude), propriétaire, ancien négociant.
Laurent-Duchesne (Jacques-F^{ois}), juge au tribunal de première instance.
Thibaud (J^h), négociant.
Mérand (Antoine), propriétaire.
Baret aîné (Paul-Antoine), ancien entrepreneur.
Bernard (Pierre), liquoriste.
Blanc (Claude), marchand gantier.
Mounier (Henry), négociant.
Bardousse (Ch.-J^b-Esprit), avocat et suppléant au tribunal de première instance.
Hélie (Jean-Ennemond), avoué en la cour.
Bonin (Charles), mécanicien et propriétaire.
Gaillard (Théodore), négociant (1).

---

(1) *Registre des délibérations* de l'Hôtel de Ville.

XVII. — Pièce Q.

(Page 27.)

LA DAUPHINOISE (1).

Air : *Allons, enfants de la patrie*, etc.

Des bords du Rhône au Boristhène,
Braves guerriers, entendez-vous
Ces longs cris d'envie et de haine
Qui soudain nous menacent tous? (*Bis*.)
Des ennemis de notre gloire
Veulent souiller le sol français :
Notre honte, voilà leur paix,
Et la trahison leur victoire.

Sous nos drapeaux sacrés, volez, fils de l'honneur, }
Vengeons (*bis*) la *Liberté*, la *France* et l'*Empereur*. } (*Bis*.)

Mais enfin cette ligue altière,
Qu'ose-t-elle nous proposer?
Un roi, son lâche tributaire,
Dieux! on prétend nous l'imposer!... (*Bis*.)
Contre nous sa haine acharnée
Voudrait armer le genre humain!
Louis est un nouveau Tarquin :
Qu'il ait la même destinée...
Sous nos drapeaux sacrés, etc.

En vain nos plaintes étouffées
Redemandaient la Liberté ;
Déjà l'on souillait les trophées
De notre courage indompté. (*Bis*.)
Déjà l'on comptait pour victimes
Et nos sages et nos héros ;
Nos guerriers étaient des bourreaux,
Et leurs triomphes de grands crimes...
Sous nos drapeaux sacrés, etc.

---

(1) 2 p. in-8º, de l'imprimerie de J. Allier, à Grenoble.

DE GRENOBLE EN 1814 ET 1815.   59

  Quoi ! la nation qui naguère
  Détrônait et nommait les rois,
  Sans consulter l'Europe entière
  N'en peut avoir un de son choix ! (Bis.)
  Ils ont juré mort au Grand Homme,
  Ces insolents vainqueurs d'un jour ;
  Mais Camille enfin de retour,
  On ne doit plus craindre pour Rome.
Sous nos drapeaux sacrés, etc.

  Fiers Dauphinois, que l'on menace,
  Qui le reçûtes les premiers,
  Que pour châtier tant d'audace
  Tous vos citoyens soient guerriers. (Bis.)
  De nos villes, de nos campagnes
  Sortons les armes à la main,
  Et faisons répéter soudain
  Aux longs échos de nos montagnes :
Sous nos drapeaux sacrés, etc.

    Par M. Aug. B....., fédéré dauphino*i*s (1).

    XVIII. — Pièce R.
    (Page 27.)

N° 29. XVIIIe ANNÉE. Mercredi 8 mars 1815·

JOURNAL DU DÉPARTEMENT DE L'ISÈRE (2)
CONTENANT
LES ACTES ADMINISTRATIFS
ET LES NOUVELLES POLITIQUES ET LITTÉRAIRES.

Préfecture du département de l'Isère.

PROCLAMATION du préfet du département de l'Isère, à tous les habitans de ce département.

Une nouvelle extraordinaire vient de nous être transmise par la correspondance des Préfectures, et nous avons jugé convenable de la rendre publique, après avoir pris les mesures qu'exige de nous le maintien de l'ordre, et qui ont été adoptées par les autorités civiles et militaires réunies.

---

(1) M. Augustin Blanchet, auteur de l'ode qui avait paru l'année précédente, lors de la première invasion (*Voir* pag. 35).
(2) Parmi les pièces que ce n° *supprimé* renferme, j'ai choisi seulement

L'avis qui nous a été donné par M. le Préfet du Var est daté de Fréjus, du 2 mars, à sept heures et demie du matin ; il porte que Buonaparte vient de débarquer au golfe Juan ; il s'est dirigé sur Grasse. Ceux qui l'accompagnent assurent que son but est de marcher par Digne et de s'avancer dans les Hautes-Alpes. La première dépêche annonçait qu'il est accompagné de seize cents hommes : une seconde lettre, arrivée cette nuit, porte qu'il a mille à onze cents hommes seulement. Tous les départemens du Midi sont avertis, la nouvelle en est arrivée à Lyon, et les lettres que nous venons de recevoir font connaître que toutes les dispositions qu'exige la sûreté publique ont été prises.

Nous invitons tous les citoyens, au nom du gouvernement du Roi et pour l'intérêt évident de notre Patrie, à donner aujourd'hui de nouveaux témoignages des sentimens qu'ils ont fait éclater dans des circonstances beaucoup plus difficiles : si quelqu'un pouvait oublier que son premier devoir est d'obéir aux autorités, comme le nôtre est de maintenir le respect dû au gouvernement de Sa Majesté, et de veiller à la sûreté des propriétés, il sera arrêté sur-le-champ et puni sévèrement, conformément aux lois constitutionnelles.

Tout ce qui pourrait tendre à fomenter la guerre civile et à violer la Charte constitutionnelle de l'état, doit exciter une indignation générale.

Tout attroupement au dedans ou au dehors de la ville est de nouveau expressément défendu, et sera dissipé par la force armée.

Les armes qui, par ordre exprès du Ministre de la guerre, avaient été déposées pour être présentées à l'inspection, seront, sans aucun délai, rendues aux personnes qui les ont remises.

La connaissance que nous avons des sentimens qui animent la Garde nationale de cette ville, l'expérience que nous avons de son zèle, nous suffisent pour autoriser cette détermination, et nous sommes persuadé que le Gouvernement l'approuvera ; elle va reprendre son service en exécution des lois.

Fait et arrêté à Grenoble, en l'hôtel de la Préfecture, le 5 mars 1815.

Le Préfet, J^h FOURIER.
Par le Préfet :
Le Secrétaire-général, BEAUFORT.

PROCLAMATION aux soldats de la 7º division militaire.

SOLDATS !

Bonaparte a débarqué sur nos côtes, et il s'avance dans l'intérieur de la France ; souvenons-nous qu'il nous a dégagés de nos sermens, et que nous en avons prêté d'autres au Roi.

Vous serez fidèles à l'honneur et à votre devoir, et cet orage sera bientôt dissipé ; nous verrons alors notre belle patrie redevenir puissante et heureuse. Si, au contraire, vous vous laissiez aller à des conseils perfides, tous les malheurs viendraient fondre sur nous. La France serait encore envahie par les armées étrangères, vos parens pillés, vos villages ravagés, et nos ennemis se partageraient notre pays.

Soldats, vous connaissez vos chefs, vous savez qu'ils sont incapables de

---

celles qui ont trait à l'histoire de notre cité en 1815. Le reste de ce nº est rempli par plusieurs articles conservés dans le nº 29 *publié*, par un extrait du *Times* sur l'importation des blés étrangers en Angleterre ; par un article, daté de Berlin, sur les opérations du Congrès au sujet des possessions futures de la monarchie prussienne, et par une *charade*; mais ces pièces n'ayant aucun rapport avec le sujet qui nous occupe, je ne juge pas opportun de les reproduire.

vous conduire ailleurs que sur le chemin de l'honneur. Vos chefs ont une entière confiance en vous; écoutez toujours notre voix, et la patrie ne deviendra pas la proie de l'ennemi.

Le lieutenant-général,
Comte MARCHAND.

Communication officielle du Préfet du département de l'Isère, à ses administrés.

Une lettre de M. le maréchal prince d'Esling, datée de Marseille, du 4 mars 1815, et adressée à M. le lieutenant-général comte Marchand, annonce que M. le lieutenant-général comte Miollis, parti avec le 83ᵉ régiment et six compagnies d'élite du 58ᵉ, est à la poursuite de Buonaparte. Le restant du 58ᵉ suit le même mouvement, et leur but commun est de couper, s'il est possible, la marche de l'ennemi. Cette dépêche est terminée ainsi : Je ferai tous mes efforts pour favoriser vos mouvemens et vous seconder de tout mon pouvoir.

Signé : le maréchal duc DE RIVOLI, *gouverneur de la 8ᵉ division militaire,* prince ESLING.

La dépêche de M. le maréchal est accompagnée d'une lettre de M. le comte de Bouthilher, préfet du département du Var, qui porte que la force de l'ennemi est de mille hommes, que son département, où le passage a eu lieu, est aussi tranquille que possible, et que cet événement n'a fait écarter personne de son devoir.

Certifié conforme aux lettres ci-dessus déposées en nos archives.

Le Préfet du département de l'Isère,
Jʰ FOURIER.

Grenoble, en la Préfecture, le 6 mars 1815.

Communication officielle du Préfet du département de l'Isère, à ses administrés.

Une dépêche télégraphique, signalée à Paris hier 6 mars, à 5 heures précises du soir, vient de nous parvenir; elle nous est transmise à l'instant par le courrier de M. le comte de Chabrol, préfet du Rhône; la lettre de ce magistrat est datée de Lyon, 6 mars 1815, à 10 heures du soir. Ces dépêches annoncent :

Que son Altesse Royale MONSIEUR, frère du Roi, se rend en toute hâte à Lyon, pour prendre le commandement de l'armée qui se forme dans cette place.

Nous nous empressons de publier cette nouvelle et de rappeler aux fonctionnaires et aux administrés les motifs que nous avons exprimés dans nos précédentes proclamations, et tous les sentimens de fidélité qui doivent les attacher au Roi.

Fait à Grenoble, en l'Hôtel de la préfecture, le 7 mars 1815.

Le Préfet du département de l'Isère,
Jʰ FOURIER.

XIX. — PIÈCE S.

(Page 28.)

NAPOLÉON A RIVES (1).

(Le 9 mars 1815.)

Je ne sers ni Baal, ni le Dieu d'Israël.
ATHALIE.

Il n'est pas un grand homme qu'on ait peint plus souvent que

---

(1) Il existe plusieurs manuscrits du NAPOLÉON A RIVES, tous de la main

Napoléon ; mais, il faut en convenir, son portrait moral, *fait, bien fait et refait,* comme le Dictionnaire de l'Académie, *reste toujours à faire.* L'adulation et la haine peuvent se servir habilement du pinceau ; malheureusement ce n'est rien moins qu'à la ressemblance qu'elles consacrent leur talent ; elles ne veulent que l'effet.

Qu'on ait représenté Mercure sous les traits d'Alcibiade, que Jupiter porte à Rome le nom de Saint Pierre, je le conçois ; un dieu ressemble à tout ou à rien, mais un homme supérieur ne ressemble qu'à lui-même.

Entièrement étranger à tout sentiment ami ou hostile pour Napoléon, que je n'ai connu, comme dit Tacite, ni par sa tyrannie, ni par ses bienfaits, je vais hasarder de le lithographier plutôt que de le peindre, non pas peut-être tel qu'il est, mais sûrement tel que je l'ai entrevu. Je serai vrai ; et, par le temps qui court, la véracité a bien son mérite.

Il partait de Grenoble, qui paraissait être pour lui un nouveau Toulon, ou, si l'on veut, ce que le passage du Rubicon fut pour l'heureux César. La volage fortune, dont, pendant un quart de siècle, il avait fixé l'éternelle inconstance, lui promettait encore ses trompeuses faveurs et semblait le guider, comme Cypris conduisit le fils d'Anchise. Déjà il croyait remonter sur ce trône colossal auquel tant de trônes tributaires n'avaient servi que de marchepieds. « *Vous me voyez en soldat,* avait-il dit à la garde nationale (1), *bientôt vous me verrez en souverain.* » Effectivement son entrée nocturne, et en quelque sorte furtive, avait été plutôt celle d'un aventurier audacieux que d'un grand monarque.

Le peuple, dont l'amour et la joie même ont dans leurs bruyants et grossiers témoignages quelque chose de féroce et d'effrayant, l'accueillait partout avec ces unanimes clameurs que l'enthousiasme seul fait entendre et que tout l'or du monde

---

de M. Augustin Blanchet ; mais comme les variantes qui s'y rencontrent sont peu importantes, j'ai dû choisir la leçon qui paraît, par l'écriture et les corrections, être la *mise au net* des autres. Le lecteur s'apercevra facilement que ce récit ne fut arrêté définitivement que longtemps après le passage de Napoléon à Rives et sur les notes recueillies à cette époque.

(1) A son passage à Grenoble.

n'achèterait pas ; il environnait avec empressement et en tumulte, non sa magnifique voiture du sacre, mais la plus modeste calèche ; et ce cortège improvisé, moins brillant, mais plus nombreux et surtout plus dévoué que celui qui l'escortait dans ses jours de bonheur, flattait visiblement son amour-propre et sa sensibilité. Les dénominations, les plus touchantes pour un bon prince, caressaient ses oreilles que les courtisans avaient rendues si difficiles. Des chansons que la circonstance n'avait point improvisées et que l'autorité ne commandait pas, aussi prolixes que naïves, et que l'amour de Napoléon et de la patrie avait seul inspirées, lui rappelaient ses exploits, ses malheurs et la fidélité de son bon peuple. Certains noms, malheureusement historiques pour les personnes qui les portent, et qui s'y trouvaient accompagnés d'épithètes que Juvénal lui-même eût trouvées trop énergiques, lui signalaient les mauvais choix qu'il avait faits dans l'enivrement de la confiance et de la prospérité ; et Napoléon approuvait hautement ces jugements sévères mais équitables. On ne cessait de l'appeler le *Père des braves*, le *Sauveur de la France*, le *Restaurateur de la liberté* ; et tel était le délire de ses admirateurs, que la même bouche criait à la fois, comme à Rome, sous les Césars, *vivent l'Empereur et la République*.

La nuit était obscure et il tombait une pluie abondante et froide. Cependant de jeunes femmes avec un enfant à la mamelle, au bras ou à la main, de vieux soldats mutilés, des laboureurs portant des torches de paille allumées qui rappelaient les faisceaux consulaires, des conscrits fiers d'une campagne désastreuse mais honorable et lui montrant une aigle et une cocarde religieusement conservées, tous accourus à flots tumultueux des montagnes et des pays voisins, grimpés sur des arbres ou jonchés sur la route qu'ils obstruaient souvent, enviaient le bonheur de ceux qui pouvaient approcher des portières de sa voiture. Il tendait à ceux-ci une main protectrice, affectueuse et populaire ; de nombreuses inclinations de tête, précédées d'un sourire gracieux, dédommageaient les autres. Il m'a vu, m'a parlé, m'a salué, disait-on cesse ; et on en était aussi fier, aussi heureux que s'il n'eût pas perdu sa puissance première, et que ces légères marques d'une bienveillance fugitive, intéressée, eussent fait espérer des faveurs, des pensions, des dignités. Les lanciers polonais, qui le précédaient au pas, regardaient avec une émotion naïve ce concours imposant et spontané de Français de tout sexe, de tout âge et de toute condition; ces serviteurs si braves, si fidèles, arrêtaient souvent leurs yeux attendris sur leur empereur, comme s'ils ne l'avaient pas suivi partout, dans ses triomphes comme dans son exil. A proprement parler, il n'avait point de garde, et il n'en avait pas besoin. C'étaient des enfants qui paraissaient escorter le retour d'un père chéri. Un assassin pouvait aisément se glisser parmi eux, et personne n'y songeait ; on était trop occupé de son bonheur pour appréhender une calamité aussi grande, et cependant aussi facile. Il semblait que l'enivrement de quelques milliers d'individus était et devait être celui de l'universalité des Français... L'enthousiasme est si crédule et si présomptueux !...

Napoléon voulait parler au maréchal Bertrand, mais son émotion était si profonde qu'il ne pouvait articuler un seul mot. A la lueur vacillante des torches mobiles, je remarquai sur son visage pâle et austère des larmes délicieuses et qui, je l'avouerai, m'en firent verser. Dans ma soudaine exaltation, je m'écriai : « Il pleure, il pleure de bonheur. Ces larmes prophétisent celui de la France. » Jamais je ne le vis entouré d'une auréole plus magique. Eh! que sont, comparés aux larmes sublimes d'un monarque sensible, tous les diamants de sa couronne, toutes les palmes de la victoire? Ce moment fut sans doute le plus beau, le plus doux du seul homme qui, peut-être, épuisa toutes les sensations du cœur humain. Nos meilleurs rois, Louis XII et Henri IV, n'en ont jamais eu de pareil... O Bourbons, puissiez-vous le lui envier! Alexandre envia mille fois moins au vainqueur d'Hector.

Quelques moments avant qu'il vînt à Rives, on apprit qu'il y dînerait, et la joie fut si grande, qu'il semblait que ce serait chez tout le monde. Il était sept heures. La population entière se précipita, se rua devant l'hôtellerie où il devait descendre (1). Au moindre bruit, on prêtait une oreille avide, impatiente, et, si l'on croyait entendre celui d'une voiture ou un piétinement de chevaux, les acclamations ordinaires se répétaient avec une ardeur toujours croissante. Cette insatiable curiosité, quoique trompée souvent, donna lieu à une méprise assez comique pour que

---

(1) L'Hôtel de la Poste.

je la rapporte. Un bon vieux curé de campagne que, par parenthèse, les hussards du 4ᵉ avaient enroué, en lui faisant crier, pendant plusieurs lieues, *Vive l'Empereur !* quoique modestement monté comme son divin maître lorsqu'il entra à Jérusalem, et parce qu'il était enveloppé d'une redingote grise, fut, de loin et de près, traité comme Napoléon lui-même. Il en était, dit-on, d'autant plus dépité, que, sur la foi du mandement de son évêque, l'ex-*Judas Machabé* n'était plus pour lui (depuis la Restauration, s'entend) qu'un Antiochus-Epiphanes. On était tellement impatient de voir Napoléon, qu'on craignait de n'avoir pas le temps de rire avant qu'il arrivât.

Enfin il descendit de sa voiture, et, sans les lances polonaises qui n'étaient cependant pas menaçantes, il eût difficilement percé la foule innombrable et compacte qui obstruait toutes les avenues de l'auberge. Rêveur au milieu de l'agitation ondoyante du groupe tumultueux où je me trouvais pressé et suspendu, je songeai un instant à l'auguste infortuné qui devait bientôt fuir furtivement de son palais solitaire. Sans la rapide succession des impressions saisissantes que j'éprouvais, ce sentiment involontaire et profond, que commande une grande catastrophe, m'eût longtemps préoccupé. Mais bientôt Napoléon absorba toutes mes facultés ; et, si j'avais pu longtemps réfléchir, ce n'eût été qu'à lui-même. Une seule idée, une seule sensation, remplirent tout à coup et ma tête et mon cœur. Je n'avais plus de mère, de femme et de fils.... j'avais l'Empereur ! ..

Le maire de Rives (1) fut appelé. Sans avoir aucun titre pour être présenté, quoiqu'assez mal vêtu, je me joignis à lui. J'avais, je l'avoue, l'amour-propre de croire qu'on me ferait l'honneur de me recevoir pour son adjoint. Je ne puis comparer qu'à la crainte d'être renvoyé comme indigne par l'officier chargé des introductions, l'impatience délicieuse que j'éprouvais de voir Napoléon. Je voulais enlever à tout le monde son premier regard, sa première parole... Les grands hommes sont si rares, même dans l'histoire.... et j'allais être assez heureux pour en voir un, pour l'écouter, pour lui parler peut-être... L'ineffable bonheur des justes, qui considèrent Dieu face à face, ne m'eût guère alors tenté.

---

(1) M. Accoyer.

On nous annonce, et j'aperçois alors l'Empereur, debout et tournant le dos à un bon feu. Il nous reçoit avec politesse, j'allais dire avec affection. Rien ne forme mieux une majesté que quelques mois d'exil et la nécessité d'être aimée pour remonter sur le trône.

Monsieur le maire, notaire et harangueur de son métier, avait *stipulé, minuté* et *collationné* un petit compliment de vingt pages, qu'il débite au moins aussi bien que l'Intimé des *Plaideurs*. Les pensées en sont assez nouvelles, car il les a très habilement extraites du compliment sincère qu'il adressa naguères au *chevaleresque* comte d'Artois. Cette subtilité vraiment oratoire est d'autant plus ingénieuse, qu'il ne sait et ne saura probablement jamais qu'on en usait de même à peu près à la mort d'un empereur romain ; car on mettait sur le tronc de sa statue la tête de son successeur. Voilà qui prouve encore qu'aussi bien que les beaux esprits, les flatteurs de tous les temps se rencontrent, et que les harangueurs de village ne sont pas plus bêtes que ceux de la capitale.

La Fontaine prétend :

> Qu'on ne peut trop louer trois sortes de personnes,
> Les Dieux, sa maîtresse et son roi.

et M. le maire est bien de son avis. Mais Napoléon, qui alors ne pensait point ainsi, interrompt le trop fécond orateur en lui disant : « C'est assez, c'est assez. » Il est même obligé, pour pouvoir opposer une digue répulsive au torrent de son inépuisable éloquence, de lui faire diverses questions sur l'industrie agricole et manufacturière de la commune de Rives à laquelle il promet sa protection spéciale.

Napoléon dit avec justice à un fabricant d'acier (1) (car plusieurs personnes venaient d'être introduites) : « Vous êtes malheu-
« reusement, dans votre partie, en arrière d'un siècle des Anglais
« et même des Elbois que je quitte. » Un propriétaire de papeterie (2) lui ayant été présenté comme tel, il lui parle d'un décret rendu sous son règne, sur la prohibition des chiffons très rares

---

(1) M. Séraphin Marquis.
(2) M. Augustin Blanchet.

en Angleterre. « Votre industrie, ajoute-t-il, est d'autant plus
« intéressante qu'elle sert à transmettre à la postérité les fruits
« de la science et du génie.... — Et les merveilles de Napo-
« léon !... » répliquai-je.

L'inévitable maire lui demanda alors l'honneur de lui présenter
sa femme. L'Empereur, qu'il a l'art d'égayer, y consent avec
grâce, et, se retournant vers le maréchal Bertrand : « Pourquoi
pas, si elle est jolie ? » — Elle paraît bientôt, annoncée et conduite par son auguste époux. Certainement, cette fois au moins,
l'usurpateur respecta la légitimité ; je n'en connais pas de plus
respectable. Le nouveau Scipion demande alors au fortuné notaire s'il a beaucoup d'enfants : « Point, Sire ! — C'est dom-
mage, Monsieur ; des enfants et quelques actes de moins, tout en
irait pour le mieux. »

Un officier (1), que la gloire et non l'âge a rendu invalide, lui
est présenté, et celui qui, pendant vingt-cinq ans, avait bravé
tous les fléaux de la guerre, n'ose le regarder ni lui parler. Il
tremble pour la première fois, et c'est devant Napoléon, qui
n'aima jamais, dit-on, que le soldat. Le sentiment que l'Empereur inspire aux braves qu'il a si longtemps conduits à la victoire, ressemble à celui que nous éprouvons pour la divinité :
c'est tout à la fois du respect, de l'amour et une espèce de ter-
reur. Mahomet ou Cromwel n'exercèrent pas, je crois, un empire
plus extraordinaire sur leurs armées aussi fanatiques qu'intré-
pides. Napoléon était toujours pour eux *l'homme du destin*.

L'Empereur ayant demandé à l'officier l'époque de sa première campagne, le brave lui répond en balbutiant et aussi timide,
aussi ému qu'une vierge modeste à l'autel de l'hymen : « Le siège
de Toulon, à la redoute de Gibraltar. — La redoute de Gibraltar, » s'écrie vivement Napoléon avec un accent tragique qui,
depuis, m'a fait songer à l'élève supposé de Talma, « c'est là que
fut blessé l'intrépide Dugommier ! l'excellent homme ! » Et il
lève au ciel des yeux attendris. L'officier ajoute que, de l'armée
d'Italie, il passa à celle d'Égypte et qu'il fut blessé à la bataille
des Pyramides. « Dans quelle demi-brigade ? » — « Dans la 32e,
Sire. » — « Dans la 32e, » (en lui frappant la joue d'une main

---

(1) M. Colomb.

caressante), « et *tu n'en disais rien. La 32ᵉ était là, j'étais tran-*
« *quille....* Ta retraite ? — 600 francs, Sire.—600 francs à un ca-
« pitaine de la 32ᵉ !.... Et c'est ainsi qu'on traite les braves de ma
« 32ᵉ ! Quelle horreur ! Bertrand, notez ce capitaine pour la croix
« et pour 600 francs d'augmentation de retraite. » Et il répète
avec indignation : « Un capitaine de ma 32ᵉ !.. »

Il demande à un jeune commandant (1) du 9ᵉ régiment d'infanterie légère qui s'est avancé vers lui, dans quel corps d'armée il servait en 1814. Le malheureux s'était trouvé sous les
ordres du maréchal Marmont. A la seule audition de ce nom
malencontreux, il dit sèchement au pauvre solliciteur : « Parlez
à Bertrand. »

On s'est trompé, ou, ce qui est plus vraisemblable, on a voulu
tromper, quand on a dit que Napoléon était le plus impénétrable
des hommes. Il n'en est pas un, selon moi, qui sache moins ca-
cher les impressions qu'il éprouve, et il est si peu maître de lui
que, quoique le chef de bataillon n'eût pas nommé le duc de
Raguse, le seul numéro du corps d'armée du maréchal suffit pour
le rendre tout à coup taciturne et rêveur. Sa figure caractéris-
tique où se peignent, où se burinent avec tant de spontanéité et
d'énergie les rapides et profonds sentiments de son âme, de
gracieuse et gaie qu'elle était aux récits du capitaine, devient
inopinément sombre et terrible. Un ami du maréchal Marmont
en eût été effrayé ; il me semblait entendre sa sentence de mort.

Napoléon, qui *étouffait dans cette vieille Europe*, se trouve fort
bien dans une petite et mauvaise chambre où un *voltigeur* de
Louis XIV aurait cru bivouaquer. On y servit son dîner, qui fut
d'une frugalité lacédémonienne et à laquelle il me parut habitué.
Plus d'un missionnaire, qui nous vante la simplicité des agapes
des premiers chrétiens, ne s'en fut pas, peut-être, contenté. Il ne
mangea que d'un potage maigre, des pommes de terre et des
châtaignes. Toute sa sensualité fut réservée pour le café, qu'il
prend moins en militaire qu'en directeur de nonnes (2).

---

(1) M. Soffréon.

(2) Voici une autre anecdote que j'ai entendu raconter souvent à M. Aug.
Blanchet et que je suis étonné de ne pas retrouver dans son manuscrit.

La femme du maire avait eu l'heureuse pensée d'envoyer un panier de
vin fin à l'empereur, au moment de son arrivée à l'*Hôtel de la Poste*, dont

Napoléon ayant bien dîné, se leva ; et cependant ses convives, excepté le maréchal Bertrand et le général Drouot, se remirent à table dès qu'il fut parti. La conversation la plus intéressante et la plus familière s'engagea entre lui et toutes les personnes qui voulurent y prendre part. Elle me rappela celle que Candide eut avec les rois qu'il trouva à Venise, soupant bourgeoisement à table d'hôte.

En raison de son grade, ou peut-être de sa faveur, le grand maréchal du palais était placé à sa droite, à côté du modeste Drouot ; le général de division Jannin à sa gauche, et les généraux de brigade Martel et Bizannet vis à vis de lui. Les admirateurs et les curieux remplirent alors l'appartement et entourèrent la table. Les dames, qu'il regardait beaucoup si elles étaient jolies, furent accueillies avec une politesse telle qu'en toute autre occasion leurs maris ne l'auraient sans doute pas approuvée. Une d'elle remarqua, quoi qu'en ait pu écrire M. de Châteaubriand, que la main ou la griffe de cet ogre était fort bien ; et, chose plus merveilleuse, elle observa qu'il n'avait pas un cheveu gris. Cette singularité n'est peut-être pas aussi frivole qu'elle le paraît, et je l'abandonne aux professeurs de physiologie.

Le Jupiter d'Homère ne fronce pas toujours ses redoutables sourcils. Napoléon reprit sa gaîté première que le nom seul du maréchal Marmont avait fait disparaître si rapidement. La soirée fut charmante et me fit songer aux soupers philosophiques de Sans-Souci. Il n'y manquait que des interlocuteurs dignes de lui. Je doute que Frédéric lui même, tout légitime qu'il était, y ait jamais été plus intéressant, plus aimable, et c'est le mot, que le fut ce soir-là l'usurpateur. L'homme prodige *en robe de chambre*

---

la cave, à cette époque, ne devait pas être fort bien garnie ; mais voyant que Napoléon ne lui en parlait pas, elle prit le parti de lui demander si S. M. l'avait trouvé bon. Celui-ci lui répondit qu'il n'en doutait pas, mais qu'en buvant fort peu, il n'y avait guère fait attention. « Quel est ce vin, dit-il, en ayant l'air de chercher dans son souvenir ? — Du vin de Cornas, Sire. » A l'audition de ce nom, si malencontreux pour des oreilles de soldat, la suite de Napoléon partit d'un immense éclat de rire. Lui-même se pinça les lèvres; mais se tournant aussitôt vers ses officiers : « Eh bien, messieurs, pourquoi riez-vous ? ce vin est fort bon et d'une excellente qualité..... »

remplaça constamment l'Empereur *qui n'entra jamais*. Si les spectateurs n'étaient pas ses favoris, ses courtisans, on eût dit qu'ils étaient ses égaux ou ses amis, tant leurs réponses et même leurs questions (car on lui en faisait) annonçaient une espèce d'intimité et de familiarité. Ce qui charmait le plus, c'était la bonhomie avec laquelle celui qui représentait personnellement en quelque sorte la gloire de son siècle, racontait les événements d'une vie toute historique. Un sténographe fidèle eût fait de sa conversation un récit aussi piquant qu'instructif.

Le général Bizannet, qui, trop modestement sans doute, oublié son grade pour rappeler qu'il fut jadis sergent-recruteur, nous donna, dans le style métaphorique de la caserne qui lui est très familier, des détails fort curieux de sa mémorable défense de Berg-op-Zoom, en 1814. On sait qu'avec quelques compagnies de conscrits, il prit dans cette ville une grande partie des nombreux assiégeants. L'Empereur lui ayant demandé s'il avait un peu de cavalerie, il répondit affirmativement et qu'elle est composée d'un gendarme à cheval et d'un gendarme démonté.

Le maréchal Bertrand croyait que cet admirable fait d'armes pouvait, par sa singularité, être comparé à la fameuse surprise de Crémone, par le prince Eugène de Savoie, en 1702. Napoléon assura que l'affaire de Berg-op-Zoom était unique dans les fastes des défenses de places et le prouva avec une telle connaissance, une telle précision des faits et des localités, que beaucoup de personnes crurent qu'il avait lui-même pris le maréchal Villeroy et commandé les manœuvres de la garnison de Berg-op-Zoom. Cependant il n'avait que traversé au galop cette dernière ville, lorsqu'il parcourait avec Marie-Louise les côtes de l'Océan.

Il est impossible d'avoir lu l'histoire comme lui ; sa mémoire n'est point celle d'un prédicateur ou d'un comédien; c'est le sentiment profond et continu de l'impression des choses et des hommes sur un esprit supérieur et éminemment méditatif. On peut dire que *s'il n'a pas tout appris, il n'a rien oublié*, et j'ajouterai qu'il a beaucoup deviné. Je ne doute point qu'il ne pût être un historien du premier ordre. Sur plusieurs sujets, je lui ai entendu improviser du Tacite, si l'on peut s'exprimer ainsi. Qu'il écrive donc à Sainte-Hélène. Eh ! qu'y pourrait-il faire de mieux? Denys, maître d'école à Corinthe, et Charles-Quint devenu moine, ne peuvent être ses modèles. Mais qu'à l'exemple de

César, auquel on doit plus justement le comparer, il élève à sa propre gloire un monument digne d'elle... Son style, si l'on en juge par sa conversation, doit être précis, énergique, original et pittoresque. Au reste, ses proclamations et ses bulletins, qui sont les odes classiques de la plus héroïque prose, ont déjà assez prouvé qu'à l'exemple des plus grands capitaines de l'antiquité, il a conquis l'immortalité aussi bien avec sa plume qu'avec son épée.

La conversation fut si *primesautière*, comme dit Montaigne, qu'il m'est impossible d'en faire un récit suivi. On était tellement avide de tout savoir, qu'on le questionnait sans cesse, et il répondait sur tout et à tous. Personne n'osant toutefois lui parler de Marie-Louise et de l'Autriche, à notre grand regret, il ne nous en dit rien. Cependant il nous apprit, ce qui m'a été depuis confirmé par le comte Bübna, que son fils était *charmant* et qu'il promettait beaucoup.

Tout à coup il se retourne vers le maire et lui demande s'il n'est point venu chez lui des officiers de l'armée royale. Sur une réponse négative, il ajoute avec le sourire le plus sardonique :

« Il serait plaisant que le comte d'Artois, ce chevalier par excel-
» lence, voulût gagner ses éperons avec moi. Au reste, voilà ma
» plus belle campagne : le seul *Moniteur* m'appelle en France, et
» c'est avec six cents de mes *grognards* que je vais faire, sans
» brûler une amorce, la conquête du premier empire du monde...
» — Henri IV aurait bien voulu la faire à ce prix, lui dis-je vi-
» vement; la France et lui en auraient été bien plus heureux. —
» Oh ! certainement, me répondit-il; » et il me sourit avec bien-
» veillance... « J'ai donné, et je devais la préférence, dit-il, à
» mon pays; dans mon île, j'ai reçu plusieurs députations de
» l'Italie qui voulait que je fusse son roi. J'ai été le Prométhée
» de ce peuple autrefois de sbires et de capucins, dont j'ai
» fait des hommes et des héros, dignes frères de mes braves.
» J'ai bien administré ce beau pays, et j'ai appris avec plaisir
» que le grand duc de Toscane, qui est un excellent homme,
» gouverne ses sujets d'après mes principes et mon code. »

Quelqu'un (1) lui ayant demandé s'il était vrai que, lors-

---

(1) M. Aug. Blanchet.

qu'Augereau le rencontra au *Pont d'Isère*, près Romans, ce dernier s'était permis, comme on l'avait répandu, de méconnaître son bienfaiteur et son souverain ; Napoléon répondit : « Il ne sut
» que pleurer et me dire en sanglotant qu'il n'avait point fait la
» proclamation qu'on lui attribuait. La vivacité de sa douleur et
» de son attachement me touchèrent, et je n'eus pas le courage
» de lui parler de sa conduite à Lyon. Cette conduite est infâme
» et m'a surpris. Je croyais au moins à *ce soudard l'honneur de*
» *son épée*. Il avait 20,000 de mes soldats d'Espagne, et la partie
» n'était pas égale pour 60,000 Autrichiens ; car, plus ces auto-
» mates militaires sont nombreux, plus on en tue, ou plutôt, plus
» on en prend. A Lutzen, je ne commandais que des enfants ; ils
» se battaient pour la première fois et recevaient *le baptême de*
» *feu*... Ils reculaient.. Quoi ! m'écriai-je, vous reculez, vous !..
» Et, en reculant moins, ils me répondaient qu'ils ne reculaient
» pas. » (Il imitait avec sa voix rauque et enrhumée la timide et adolescente voix des conscrits). « Mais, pour des braves, répli-
» quai-je, ne pas avancer est reculer... Et ils se ruèrent comme
» des lions affamés sur les vieilles moustaches prussiennes,
» russes et autrichiennes. Voilà les Français ; un mot d'honneur,
» et ils font des prodiges.

» Augereau ! Le misérable ! Il a cependant une femme char-
» mante et qui rougit de lui. Elle se trouvait à Orléans, chez
» l'Impératrice, lors de mon départ de Fontainebleau. On parlait
» des malheurs de la France, et Schwarzenberg ayant dit qu'on
» avait les plus grandes obligations à Augereau, la maréchale
» s'évanouit.

» Mais Marmont... qu'il est coupable ! Je l'ai pris lieutenant,
» porté au grade de maréchal d'Empire ; j'ai été pour lui le
» père le plus tendre, le plus généreux, et il m'a trahi, vendu,
» livré, *ragusé*. » (Après une longue pose.) « C'est pourtant un
» homme de mérite. Il parle fort bien de la guerre, » dit le maré-
» chal Bertrand, — « et la fait fort mal », continua Napoléon.
» Le malheureux !... L'ennemi n'avait plus de cartouches de
» retraite devant Paris, et mes braves paysans de Champagne
» et de Lorraine l'attendaient dans sa fuite. C'était une campagne
» d'extermination, c'était ma plus belle campagne. J'allais être, » et il ajouta vivement « nous allions être encore les maîtres du
» monde. Mais quatre années de paix répareront tout cela. Je

» compte sur mon peuple ; c'est là que se trouve l'amour de la
» patrie dans tout son dévouement et l'honneur dans toute sa
» pureté. C'est la meilleure classe de France, comme la noblesse
» en Angleterre. Je compte plus sur mes soldats que sur mes
» généraux. »

Cependant il ne parlait que devant des serviteurs à toute épreuve et qu'il devait excepter d'une opinion aussi flétrissante. Cette sortie me parut aussi intempestive qu'injuste et dure. Il devait y penser au moins, en commençant sa dernière et désastreuse campagne.

« Quand j'allai à l'île d'Elbe, je montais à pied, seul et en ca-
» pote grise, la montagne de Tarare. Une femme, vieille et spi-
» rituelle comme une fée, me regardait avec curiosité et une
» émotion qui me frappèrent. — Où allez-vous, ma bonne? —
» Voir notre pauvre empereur que j'aimons plus que jamais de-
» puis qu'on l'a trahi. — Brave femme, souverain pour souve-
» rain, Louis XVIII vaudra bien Napoléon. — Oh ! que non, le
» Roi sera le roi des nobles, et l'Empereur était l'empereur du
» peuple. »

« Cette femme m'a mieux jugé avec son gros bon sens que
» tant de publicistes avec leur prétendu génie. »

Un capitaine (1) qui n'a pu faire toute la campagne de Russie, et à qui Napoléon demandait ses services, voulait s'approprier, par mépris sans doute, une brillante affaire d'avant-poste qui est d'une similitude bien singulière avec celle où il a été blessé. L'Empereur lui objectait vainement que c'étaient les voltigeurs du 9ᵉ régiment, et non du 8ᵉ léger, qui s'étaient si vaillamment battus ; le capitaine insistait avec une tenacité plus comique que respectueuse, et Sa Majesté, qui tenait plus, je pense, à nous prouver qu'elle ne se trompait pas qu'à convaincre de son erreur son opiniâtre adversaire, lui fit cette question insidieuse : « Aviez-vous beaucoup de parisiens dans votre compagnie? — « Je n'a-
« vais que des *Dauphinés*, Sire. » — (Et l'Empereur sourit avec malice en regardant Bertrand.) « Eh bien, vous saurez, Monsieur
» le capitaine, que, pendant l'affaire, je me trouvais sur un ma-

---

(1) M. Florentin Marquis.

» melon, et que je voyais dans l'éloignement, avec ma *lorgnote*,
» une compagnie de voltigeurs, *grande comme ma main*, entou-
» rée par des massifs de cavalerie russe. Je demandai d'où
» étaient ces braves gens : du 9°, me répondit-on, et *les trois*
» *quarts enfants de Paris*. — Ils méritent tous la croix, m'écriai-
» je!... Je les fis mettre à l'ordre du jour. Relisez le dixième
» bulletin du 31 juillet 1812. Vous voyez, Monsieur le capitaine,
» que vous n'étiez donc pas là ; mais la gloire est partout pour
» les braves. »

Le maréchal Bertrand, qui attendait depuis longtemps avec une impatience très visible le moment du départ, — il avait même dit dans l'escalier : « Mon Dieu, qu'il est commère aujourd'hui ! » — annonça que la voiture attendait. Nous nous séparâmes comme des amis, car l'Empereur n'avait été pour nous qu'un *citoyen Guillaume*, comme disait un grenadier républicain au roi de Prusse.

Quand il montait dans sa calèche, un meunier criait plus haut que tous les spectateurs : « Vive Napoléon ! — Est-ce au moins de bon cœur ? — Oui, sacrebleu ! — Eh bien, touche là. » Le lendemain, maître M... (1) était si fier, qu'il croyait, je pense, devenir le meunier de la cour.

Le peuple fit à Napoléon les adieux les plus touchants, et Sa Majesté *daigna* promettre à ses bons et chers Dauphinois de ne pas les oublier. Elle tint effectivement sa parole à Paris. En les accablant de bontés, elle disait : « Qu'ils ne soient pas impor-
» tuns, car je ne me sens pas la force de leur rien refuser. »

M. le Maire, dont alors le dévouement était extrême, prêta à Napoléon sa lanterne sur laquelle il fondait les plus magnifiques espérances. Ce service, rendu à un particulier, n'aurait pas été bien considérable ; mais un souverain qui n'a *rien de petit*, comme chacun sait, doit avoir une si grande reconnaissance ! Que de gens, qui n'étaient ni notaires, ni maires de village, sont devenus préfets, chambellans, sénateurs, voire ministres, et n'ont pas eu l'honneur de prêter leur lanterne à l'Empereur ! Ah ! sans Waterloo, elle n'eût pas été perdue, oubliée ! M. le Maire s'est cru, depuis, une des victimes de l'usurpation.

---

(1) Molle.

Le nombreux cortége, qui avait précédé et suivi Napoléon à Rives, s'y accrut encore et l'accompagna, malgré l'obscurité de la nuit et l'abondance de la pluie et de la neige.

Je me retirai dans un ravissement indicible dont les *Actes additionnels* m'ont cruellement désabusé. Napoléon a depuis lors perdu pour toujours dans mon esprit tous les héros du monde. Ils peuvent passer à Rives ; bien certainement je n'irai pas les voir dîner.

Honteux et confus, comme maître corbeau, quoique je n'aie pas perdu même un fromage, je jure aussi qu'on ne m'y prendra plus.

XX. — Pièce T.

(Page 29.)

Du huit juin mil huit cent quinze.

Le Conseil municipal de la ville de Grenoble assemblé ensuite de l'autorisation, etc., présens : MM. Giroud, *maire* ; Bardousse, Ducruy, Hélie, de Barral, Verney, Laurent-Duchesne, Breton, Barret aîné, Bernard, Jayet aîné, Berthier, Rivier, Bonin, Michoud, Trouilloud, Fournier, Perard, Thibaud, a pris la délibération suivante :

Vu les lettres de M. le maréchal-de-camp, commandant supérieur de la ville en état de siége, sous les dates des 5 juin et de ce jour, par lesquelles il est ordonné aux habitans de Grenoble de s'approvisionner pour six mois, à peine par ceux qui seroient en demeure, d'être expulsés dans le cas où la place seroit menacée ;

Considérant qu'il est de l'intérêt de tous les habitans de la ville de s'approvisionner afin de ne pas manquer de vivres et en cas de siége de résister aux entreprises de l'ennemi ;

Considérant qu'il peut se trouver dans la place des habitans qui n'aient pas les moyens de former leur approvisionnement, qu'ainsi il est avantageux de former un grenier d'abondance dans lequel ils puissent acheter, lorsque les communications ne permettroient plus aux marchands de grains de garnir les marchés ;

Considérant que le commerce est dans l'impuissance d'avancer les fonds nécessaires à cet approvisionnement ;

Considérant qu'un emprunt en nature fait sur les classes les plus aisées des citoyens a été reconnu le seul mode praticable, mais qu'il est juste d'en assurer le remboursement;

Arrête ce qui suit :

Art. 1er.

Il est itérativement ordonné à tous les habitans de Grenoble de s'approvisionner pour six mois, dans le plus bref délai, à peine, le cas échéant, par ceux qui n'auroient pas fait leur approvisionnement, d'être expulsés de la place, conformément aux ordres militaires.

Art. 2.

Indépendamment de l'approvisionnement qui devra être fait par chaque chef de famille pour ses besoins particuliers, il a été dressé un rôle des citoyens qui devront concourir à la formation d'un Grenier d'abondance à établir dans la Commune pour pourvoir aux besoins de ceux qui n'auroient pas pu compléter leur approvisionnement.

Art. 3.

Ce rôle sera soumis à l'approbation de M. le Préfet.

Art. 4.

Chaque particulier dénommé au rôle est invité, et au besoin il est enjoint à chacun d'eux, de faire dans le plus bref délai le versement des grains qu'il aura à fournir, d'après l'avertissement qui lui sera donné, lequel versement sera effectué dans les magasins à cet effet établis.

Art. 5.

Le Garde-magasin délivrera récépissé des grains livrés à fur et à mesure des livraisons et il en sera tenu registre sous la serveillance des commissaires qui seront désignés.

Art. 6.

Les grains mis en magasin seront destinés à être livrés à ceux des habitans qui auroient été dans l'impossibilité de s'approvisionner complétement, à la charge par eux d'en payer le prix comptant dans les mains du Garde-magasin, et ce, sur le pied de la mercuriale du marché qui aura précédé l'investissement de la place. Ces fonds seront versés dans la caisse particulière qui sera tenue à cet effet.

Art. 7.

Le prix des grains en caisse sera remis à ceux qui auront fait l'avance desdits grains en proportion de ce qui sera dû à chacun d'eux.

Art. 8.

Ceux qui n'auront pas fait le versement auquel ils sont cotisés y seront contraints par une garnison en domicile conformément aux lois ministérielles.

Art. 9.

Des commissaires seront nommés pour surveiller et constater les approvisionnemens des particuliers, ainsi que les versemens à faire dans le grenier d'abondance.

GIROUD *aîné*, BARDOUSSE, LAURENT-D^e.

XXI. — Pièce U.

(Pag. 29.)

Du samedi premier juillet mil huit cent quinze.

Sur les neuf heures du soir, le Conseil municipal s'est réuni ensuite de l'invitation de M. le Maire.

Présens : MM. Giroud, *maire*; Bardousse, Ducruy, *adjoints*; de Barral, Durand, Bonin, Fournier, Trouilloud, Breton, Perrard, Jayet, Hache, Barret ainé, Bernard, Renard et Rivier.

M. le Maire a donné lecture au conseil d'une lettre à lui adressée par M. le Préfet du département de l'Isère, aujourd'hui à sept heures du soir, avec invitation de convoquer de suite le Conseil pour aviser aux moyens de faire fournir à une réquisition exigée par M. le comte de Bübna, pour les vivres de son corps d'armée à Montmeillan et aux Chavannes pendant les premier et deux de ce mois.

Il a également donné lecture d'une note contenant la quantité de rations à fournir pour chaque jour, montant à

20,000 rations de pain d'une livre et demie.
—   — de viande d'une demi-livre.
—   — de légumes.
—   — de fourrages { de 15 livres de foin.
                            { de 8 litres 1/2 d'avoine.
—   — de vin d'un litre.

Le Conseil municipal considérant que les rations demandées au département de l'Isère pour la subsistance du corps d'armée de M. de Bübna, ont été consenties et promises par S. Exc. Monseigneur le maréchal duc d'Albufera, commandant en chef l'armée des Alpes, suivant la convention militaire faite entre lui et M. le baron de Frimont, commandant l'armée autrichienne ;

Considérant que l'inexécution de cette convention exposerait le département à une invasion, et que dans cette circonstance la ville de Grenoble a le plus grand intérêt à l'exécuter pour ce qui la concerne ;

Le Conseil municipal, après avoir conféré avec M. le lieutenant-général Lasalcette, commandant la 7e division militaire, M. le Préfet du département de l'Isère, M. le maréchal-de-camp Motte-Robert, commandant supérieur de la ville de Grenoble en état de siége, et M. le Commissaire ordonnateur,

ARRÊTE :

ART. 1er.

Il est voté pour que les rations de vivre consenties et promises par S. Exc. le maréchal duc d'Albufera pour la subsistance du corps d'armée de M. le comte de Bübna, soient fournies dans le plus court délai par le département et que la ville de Grenoble fera l'avance des rations de pain.

ART. 2.

Par les soins de M. Meffre, garde-magasin des vivres à Grenoble, il sera sur-le-champ confectionné la quantité de *quarante mille* rations de pain; à cet effet les boulangers de la ville seront requis de travailler sous la direction de M. Meffre.

ART. 3.

Les farines nécessaires pour cette manutention seront fournies par M. Meffre, par un emprunt sur l'approvisionnement de siége; lequel emprunt sera incessamment remplacé dans les magasins de siége sous la garantie de la ville de Grenoble souscrite par M. le Maire envers le garde-magasin, et avec le bon plaisir des autorités militaires.

ART. 4.

Ayant été observé à M. le Préfet que la ville de Grenoble ne présentait point de ressources pour la fourniture des viandes, vin légumes, foin et avoine, M. le Préfet a déclaré qu'il pourvoirait à ces fournitures par des réquisitions dans les autres communes.

Art. 5.

Il sera de suite requis dans la ville de Grenoble et sa banlieue les chevaux et voitures nécessaires pour le transport des rations, et comme les ressources de la ville et de son territoire ne sont pas suffisantes à cause des réquisitions qui ont été faites ce matin pour le transport d'artillerie et l'évacuation des hôpitaux, M. le Préfet est prié de requérir dans les communes rurales, les chevaux et voitures qu'on trouvera, en les faisant stationner à Grenoble ou sur différents points des routes.

Art. 6.

Le conseil se déclare en permanence, lève la séance à onze heures du soir et s'ajourne à demain à six heures du matin, et arrête au surplus qu'un extrait de la présente sera adressé à M. le Préfet.

GIROUD, *maire;* BARDOUSSE, LAURENT-D^e.

XXII. — Pièce V.

(Page 29.)

Du dimanche trois juillet mil huit cent quinze.

Sur les six heures du matin le Conseil municipal s'est de nouveau réuni d'après son ajournement d'hier. Présens : MM. Giroud, *maire;* Bardousse, Ducruy, *adj*^{ts}; de Barral, Durand, Bonin, Fournier, Trouilloud, Chanriont, Rivier, Breton, Bérard, Hache-Lagrange, Jayet aîné, Barret aîné, Bernard; — M. Renard s'est fait excuser pour cause de son service de payeur général de la division.

M. le Maire a dit : qu'en exécution de l'art. 5 de la délibération d'hier, il a requis tous les chevaux et voitures existant dans la ville et sa banlieue, pour transporter les rations de pain manutentionnées par M. Meffre pendant la nuit; qu'à mesure que les voitures arriveront, des ordres seront donnés pour les charger et faire partir de suite par convoi de cinq mille rations à mesure qu'elles seront chargées pour éviter tout retard.

Le Conseil a arrêté que provisoirement il sera pris dans le grenier d'abondance, établi par sa délibération du huit juin, les grains nécessaires pour remplacer les farines fournies par M. Meffre, et prises dans les magasins d'approvisionnement de siége ; qu'il sera pris des mesures ultérieures pour rétablir ces grains dans le magasin d'abondance, et que, dans le cas où le département serait soumis à de nouveaux sacrifices, le montant des grains sera imputé sur les contributions de chacun de ceux qui auront fait des versements ;

Que tous les citoyens portés sur le rôle arrêté le huit juin pour fournir des grains dans le grenier d'abondance, et qui n'auraient pas fait leur versement, seront invités, par une proclamation de M. le Maire, à verser sans délai le montant de leur cotisation.

La séance a été levée à midi et demi, et renvoyée à ce soir sur les trois heures.

Du même jour, sur les 3 heures après-midi.

Le Conseil municipal, composé des membres dénommés dans la précédente séance, a continué de s'occuper de la fourniture de rations à faire aux troupes autrichiennes ; M. Bernard, l'un des membres du Conseil, a été désigné pour se tenir auprès de M. Meffre, manutentionnaire, pour surveiller les expéditions, donner des récépissés à M. Meffre et signer les lettres de voiture.

Il a été expédié à l'adresse du maire de Pontcharra cinq mille trois cent quatre-vingt-douze rations de pain, et à l'adresse de M. le maire de Chapareillan, six mille quatre cent cinquante-huit rations de pain ; le dernier convoi, celui de Chapareillan, est parti sur les huit heures du soir.

La séance est levée à huit heures et demie du soir et renvoyée à demain sur les six heures du matin.

(Mêmes signatures.)

XXIII. — Pièce X.

(Page 29.)

Du lundi, 3 juillet 1815.

Sur les six heures du matin, le Conseil municipal s'est de nouveau réuni d'après son ajournement d'hier. — Présens :

MM. Giroud, *maire ;* Bardousse, Ducruy, *adj*ᵗˢ ; de Barral, Durand', Fournier, Trouilloud, Chanriont, Perrard, Hache-Lagrange, Jayet, Mérand aîné et Rivier.

Le Conseil municipal s'est occupé des moyens de pourvoir à la fourniture des rations à faire aux troupes autrichiennes. La séance a été levée à midi, et renvoyée à ce soir sur les trois heures.

Du même jour, sur les 3 heures après-midi.

Le Conseil, présents les membres dénommés dans la précédente séance, a continué ses opérations pour la fourniture des rations aux troupes autrichiennes.

M. le Maire a communiqué au Conseil une lettre de M. le Préfet du département, annonçant que, des quarante mille rations à fournir aux troupes autrichiennes, les premier et deux, il n'a encore pu être confectionné par le manutentionnaire et les boulangers de la ville, qu'environ vingt-cinq mille rations ; ce qui présente un déficit sur la fourniture promise ; que ce déficit pourrait occasionner des plaintes de la part du général autrichien, et que, pour prévenir ces plaintes et accélérer la fourniture, il conviendrait de faire cette fourniture en farine.

Le Conseil, prenant en considération la lettre de M. le Préfet ; considérant qu'il est de l'intérêt de la ville de faire le plus promptement possible la fourniture du complément des 40,000 rations demandées, a chargé deux de ses membres de se transporter auprès de M. Meffre, pour savoir s'il pourrait fournir les farines nécessaires.

Les commissaires ont rapporté que M. Meffre a déclaré ne pouvoir faire cette fourniture sans prendre sur les farines de l'approvisionnement de siége, et qu'il ne pouvait toucher à ces farines sans l'autorisation du comité d'approvisionnement de siége.

Les commissaires se sont rendus chez M. le général Motte, pour obtenir cette autorisation. M. le général a dit qu'il ne pouvait pas donner cette autorisation ; que l'ennemi ayant dénoncé l'armistice, on ne devrait plus lui fournir les rations demandées ; que, néanmoins, si M. le Préfet du département de l'Isère pensait que la fourniture dût être complétée, il consentirait à ce qu'elle fût faite en grains.

Les commissaires s'étant transportés auprès de M. le Préfet, ce magistrat a pensé que l'intérêt de la ville et du département exigeait que la fourniture fût complétée.

Sur ce rapport, le Conseil arrête : qu'étant dans l'impossibilité de fournir des farines à cause de la stagnation momentanée des moulins de la ville, dont les eaux sont employées à inonder les fossés de la place, il serait offert et fourni des grains en remplacement du pain et de la farine ; que l'envoi en serait fait dès qu'on aurait réuni les voitures nécessaires au transport.

Il a été expédié dans la journée   rations de pain à l'adresse de M. le maire de Chapareillan, et   rations de pain à l'adresse de M. le maire de Pontcharra.

La séance a été levée à 8 heures du soir, et renvoyée à demain sur les 6 heures du matin (1).

(Mêmes signatures.)

XXIV. — Pièce Y.

(Page 29.)

Du 4 juillet 1815.

A 6 heures du matin, le Conseil a repris sa séance permanente. — Présens : MM. Giroud, *maire ;* Bardousse, Ducruy, *adj^{ts} ;* Hélie, Hache-Lagrange, Bernard, Rivier, Fournier, Perrard, Durand, Trouilloud.

Le Conseil s'est occupé des moyens de faire partir les rations de pain et les grains énoncés dans la précédente séance.

Le Conseil, considérant que plusieurs de ses membres n'ont pas encore daigné se rendre aux séances du Conseil permanent, pour exécuter les ordres des autorités supérieures et veiller dans les circonstances difficiles au salut de la ville ;

Considérant que cette négligence serait coupable si elle était le fruit de la mauvaise volonté ;

Le Conseil arrête que M. le Maire écrira de nouveau aux membres du Conseil pour les inviter à assister aux séances permanentes ; que les noms de ceux qui ne défèreraient pas à cette invitation pressante seront remis à M. le Préfet, et au besoin

---

(1) *Registre des délibérations* de l'Hôtel-de-Ville.

imprimés, pour faire connaître aux habitans de la ville ceux de leurs administrateurs qui négligent leurs devoirs.

Le Conseil désigne M. Hache, l'un de ses membres, pour recevoir les chevaux et voitures requis dans les campagnes par M. le sous-préfet, afin de transporter les rations de pain et les grains à fournir aux troupes autrichiennes.

Le Conseil a adopté cette mesure sur le rapport qui lui a été fait qu'hier plusieurs des voitures requises s'étaient retirées furtivement.

Le Conseil déclare qu'il ne sera délivré de rations de vivres pour les voituriers et les chevaux requis, que sur le vu de M. Hache, commis pour les recevoir, et qui indiquera le nombre des chevaux et des conducteurs.

Le Conseil autorise encore M. Hache de requérir la force armée de lui prêter main-forte et de fournir tous les factionnaires qu'il jugera nécessaires.

Du même jour, sur les 3 heures de l'après-midi.

Le Conseil a repris sa séance permanente, où ont été présens les membres désignés précédemment.

M. Bernard a rendu compte à l'assemblée qu'il n'avait pu être expédié que 4,454 rations de pain, faute de moyens de transport, et qu'elles ont été dirigées sur Chapareillan (1).

XXV. — Pièce Z.

(Page 29.)

Du 5 juillet 1815.

Présens : MM. Giroud, *maire;* Ducruy, Bardousse, *adj^{ts};* de Barral, Trousset, Verney, Trouilloud, Fournier, Bernard, Mérand, Jayet, Laurent-Duchesne, Hache-Lagrange, Thibaud et Perrard.

Il ne s'est rien présenté à la délibération du Conseil, sauf qu'il a été décidé qu'attendu la reprise des hostilités de la part

---

(1) *Registre des délibérations* de l'Hôtel-de-Ville.

de l'armée autrichienne, il ne serait plus fait d'envoi de subsistances, soit parce que les conducteurs ne seraient pas en sûreté, soit parce que ceux-ci refusent de marcher.

Du dit, au soir.

Présens : MM. Giroud, *maire*; Ducruy, Bardousse, *adj*ts; de Barral, Trousset, Verney, Hélie, Bernard, Perrard, Hache, Laurent-Duchesne, Fournier, Rivier, Trouilloud.

M. le Maire a rendu compte à l'assemblée d'un entretien qu'il a eu avec M. le général Motte, commandant supérieur de la ville en état de siége, lequel lui a témoigné sa satisfaction sur la manière avec laquelle la Garde urbaine, dans la matinée de ce jour, a maintenu l'ordre, et son désir que la permanence du Conseil municipal fût réglée de manière à ce qu'il y eût toujours à l'Hôtel de Ville deux ou trois membres du Conseil, et qu'il fût formé dans son sein un comité de sûreté intérieure qui soit spécialement chargé de maintenir l'ordre et la tranquillité dans la ville.

Le Conseil arrête qu'il sera fait mention au procès-verbal du témoignage de satisfaction donné par M. le général Motte à la Garde urbaine; et, délibérant sur les propositions faites de la part de M. le général :

Considérant que le Conseil s'étant déclaré en permanence, et y ayant séance matin et soir, et toujours en assez grand nombre, l'objet de la première proposition se trouve rempli;

Considérant que la loi a revêtu M. le Maire seul de tous les pouvoirs nécessaires au maintien de la sûreté et de la tranquillité, et que, si les circonstances exigent qu'il soit dans la nécessité d'en déléguer une partie dans un événement extraordinaire, il trouvera toujours dans le Conseil en permanence des personnes pleines de zèle et de dévouement qui rempliront au même instant le mandat qu'il pourra leur donner : ce qui rend inutile l'objet de la seconde proposition ;

Arrête qu'il n'y a pas lieu à délibérer.

Un membre a fait observer que, dans les circonstances difficiles où nous nous trouvons, il serait essentiel que le Conseil fût au complet, et que plusieurs étant éloignés, soit à raison de fonctions publiques, soit pour cause de maladie, il faudrait du moins qu'il fût pourvu au remplacement de ceux qui, n'ayant pas prêté serment, paraissent refuser les fonctions auxquelles ils ont été appelés.

Cette proposition mise en délibération, il a été arrêté de demander à M. le Préfet le remplacement de ceux des membres du Conseil qui ne se sont pas présentés pour être installés (1).

XXVI. — Pièce AA.

(Page 29.)

Séance du 6 juillet 1815, au matin.

Présens : MM. Giroud, Ducruy, Bardousse, *maire* et *adjoints*, de Barral, Trousset, Laurent-Duchesne, Durand, Trouilloud, Jayet, Hache-Lagrange, Bernard, *membres du Conseil*, et MM. Fournier et Hélie, autres membres qui ont paru sur la fin de la matinée, ayant été empêchés de paraître plus tôt à cause du service militaire.

La ville ayant été attaquée sur les sept heures du matin par l'armée austro-sarde et le combat ayant duré jusqu'à dix heures un quart, époque à laquelle l'armée ennemie a fait demander une suspension d'armes de laquelle on traite en ce moment, le Conseil a proposé d'envoyer des commissaires à l'hôpital militaire pour prendre le relevé des braves défenseurs de la place qui auraient été blessés, leur porter des paroles de consolation et ensuite prendre des moyens pour procurer des secours à ceux qui pourraient en avoir besoin.

La proposition ayant été prise en considération, MM. Durand et Trouilloud ont été députés pour en remplir l'objet et pour en rendre compte séance tenante.

A leur retour, MM. les commissaires ont fait connaître la liste des blessés dans l'action de ce matin au nombre de dix-huit, et il a été arrêté qu'il sera pris des renseignemens sur la position des blessés et de leurs familles, et qu'il sera fait une quête pour venir au secours des militaires.

M. le maire, l'un des adjoints et trois membres du Conseil ayant ensuite été députés auprès de M. le général commandant

---

(1) *Registre des délibérations* de l'Hôtel-de-Ville.

le siége, pour le prier de donner connaissance aux habitans de l'état de la place, M. le général leur a déclaré que toute la garnison a fait son devoir avec une ardeur et un courage au dessus de toute expression ; qu'il ne saurait trop louer leur conduite ; que la valeureuse défense qui a été déployée a mis les assiégés dans la nécessité de demander une suspension d'armes dont on rédige en ce moment les articles; qu'il invite M. le maire de l'annoncer au public, de l'inviter au calme et de témoigner aux défenseurs de la place toute l'admiration dont il est pénétré pour eux, ainsi que pour la Garde urbaine qui a constamment concouru au maintien de l'ordre et de la tranquillité dans l'intérieur.

Le Conseil arrête qu'il sera fait mention au procès-verbal de la déclaration de M. le général et qu'elle sera rendue publique par une proclamation (1).

XXVII. — Pièce BB.

(Page 29.)

Séance du 6 juillet 1815, au soir.

Présens : MM. les *maire* et *adjoints*, et MM. Trousset, Laurent-Duchesne, Rivier, Perrard, Hélie, Verney, Hache-Lagrange, Trouilloud.

Un membre a dit qu'après s'être occupé de nos blessés, l'humanité exigeoit qu'on songeât aussi à ceux de l'armée ennemie ; que celle-ci ayant eu, d'après les rapports publics, un assez grand nombre de blessés, et étant possible qu'ils n'aient pas tous les moyens de secours dont ils pourroient avoir besoin, l'humanité devoit nous porter à leur offrir tous ceux dont la ville pourroit disposer en officiers de santé, objets de pansement, médicamens, et même la réception dans l'hospice de ceux de leurs malades qui ne seroient pas en état de souffrir un transport aux ambulances.

La proposition ayant été accueillie à l'unanimité, il a été arrêté que deux commissaires se rendroient auprès de M. le comman-

---

(1) *Registre des délibérations* de l'Hôtel-de-Ville.

dant supérieur pour lui soumettre l'acte de bienfaisance qui vient d'être arrêté et pour lui demander son autorisation, et de procurer les moyens d'en porter la proposition, ce qui a été exécuté; et M. le commandant supérieur ayant applaudi au vœu du Conseil et promis de donner un officier de son état-major pour accompagner la députation qui seroit chargée de se porter aux avant-postes, le Conseil, après s'être assuré des moyens de réaliser l'offre qu'il se propose de faire, a arrêté que cette offre sera portée demain dans la matinée par MM. Ducruy et Bardousse, adjoints, et M. Trouilloud, membre du Conseil (1).

XXVIII. — Pièce CC.

(Page 81.)

Séance du 7 juillet 1815, au matin.

Présens : MM. les maire et adjoints, et MM., etc.

MM. les commissaires ont rendu compte de la mission dont ils ont été chargés dans la séance d'hier et ont rapporté la réponse de M. le colonel commandant les avant-postes de l'armée austro-sarde, de laquelle celui-ci a remercié gracieusement la ville de Grenoble de ses offres et a promis de la transmettre au quartier général pour qu'il en fût usé si le besoin le demandait. Il a aussi chargé les commissaires de rapporter à la ville de Grenoble l'expression de sa reconnaissance.

Il a ensuite été arrêté, sur la proposition de l'un de ses membres, d'envoyer une députation à M. le commandant supérieur pour lui porter dans l'après-midi de ce jour les remercîments de la ville sur les bonnes dispositions dont il a usé pour la défense de la place dans la journée d'hier, et pour le prier de faire à l'avenir tout ce qui peut convenir à ses devoirs et aux intérêts de la cité et des citoyens en particulier.

MM. Bardousse, adjoint, Durand et Trouilloud, membres du Conseil, ont été chargés de cette mission.

Ensuite M. le Maire a donné connaissance au Conseil d'une ré-

---

(1) *Registre des délibérations* de l'Hôtel-de-Ville.

quisition qui vient d'être faite à la ville de fournir 1800 mètres de toile à faire des sacs à terre pour la fortification, et, comme la ville n'a aucune ressource, il a invité le Conseil à aviser aux moyens d'y satisfaire.

Sur quoi le Conseil a arrêté, que quelques négociants et citoyens notables seroient invités à se rendre à la séance pour coopérer avec le Conseil, ce qui a été exécuté aussitôt, et le résultat de la délibération a été d'arrêter :

1° Que MM. Busco et Mounier seroient chargés de rechercher et acquérir les toiles demandées et de faire confectionner les sacs ;

2° Que toutes les personnes présentes souscriroient au profit de MM. Busco et Mounier une garantie solidaire pour le payement de la fourniture, ce qui a été exécuté à l'instant ;

3° Que des commissaires seroient nommés pour se transporter, munis d'une réquisition de M. le maire, chez toutes les personnes aisées du quartier qui sera assigné à chacun d'eux, à l'effet de leur demander une somme proportionnée à leurs facultés et à la dépense à faire (1).

XXIX. — Pièce DD.

(Page 31.)

Séance du 7 juillet 1815, au soir.

Présens : MM. les maire et adjoints, et MM., etc.

MM. les députés nommés à la séance de ce matin pour porter à M. le commandant supérieur de la ville les expressions de la reconnaissance du corps municipal, ont rendu compte de la mission et ont rapporté que M. le commandant leur a donné l'assurance qu'il veillera toujours aux intérêts de la ville de Grenoble et qu'il fera tout ce que son devoir et le bien des citoyens exigeront de lui.

M. le maire a aussi rendu compte à l'assemblée de la nomination des commissaires qui doivent faire la cueillette des fonds nécessaires à l'achat des sacs à terre, et de l'expédition de leurs pouvoirs (2).

---

(1) *Registre des délibérations* de l'Hôtel-de-Ville.
(2) *Registre des délibérations* de l'Hôtel-de-Ville.

XXX. — Pièce EE.

(Page 31.)

Séance du 8 juillet 1815, au matin.

Présens MM. etc.

La ville ayant été privée de l'arrivée des courriers depuis avant-hier, et étant du plus grand intérêt, dans les circonstances où nous nous trouvons, de connoître l'issue des négociations générales qui ont lieu dans la capitale, puisque la suspension d'armes qui a été conclue pour cette ville expire dans la matinée de demain, et qu'une reprise d'hostilités ne seroit ni dans les vœux des habitans, ni peut-être dans l'intérêt de l'État, le Conseil arrête qu'il sera expédié sur le champ, sous l'autorisation de M. le commandant supérieur, un courrier extraordinaire qui sera porteur de dépêches soit de la ville, soit des autres autorités qui voudront s'y joindre, pour réclamer auprès de celle de Lyon, et particulièrement de M. le directeur des postes de cette ville, l'expédition des dépêches importantes qui pourroient y être arrivées.

De suite, M. le maréchal-de-camp Motte ayant non-seulement accordé son autorisation, mais encore adressé une dépêche au commandant supérieur de la ville de Lyon pour être jointe à celle de M. le secrétaire général de la préfecture au Préfet, de M. le maire à son collègue et de M. le directeur des postes à son confrère à Lyon, le courrier a été expédié à neuf heures et demie du matin, et il a été chargé de faire la plus grande diligence pour hâter son retour. M. le maire lui a fait l'avance d'une somme de 220 francs pour son voyage.

Un membre a ensuite proposé que, vu la possibilité que le courrier expédié ne soit pas de retour avant l'expiration de l'armistice, et que cependant une lettre particulière arrivée de Lyon, dont il a été donné connaissance au Conseil, donnait l'assurance de l'arrivée en cette ville d'un courrier extraordinaire porteur d'un bulletin annonçant une suspension d'armes générale pour toute la France, il fût envoyé une députation à M. le maréchal-de-camp Motte pour le supplier, au nom de la ville, de vouloir négocier une prolongation d'armistice ; ce qui a été sur-le-champ exécuté par MM. Bardousse et Laurent-Duchesne, à qui M. le maréchal de camp a répondu qu'il feroit tout ce qui pourroit se concilier avec son devoir et les intérêts de la ville.

Un grand nombre de citoyens s'étant ensuite rendus à l'hôtel de ville pour émettre le vœu de la cessation du siége, il a été arrêté qu'une nouvelle députation composée de MM. de Barral, Renard et   , *membres du Conseil*, auxquels seroient adjoints MM. Paganon, *président en la cour;* Beyle, *ancien adjoint à la mairie;* Rampin, *avocat;* Sappey, *avoué*, et Lemaître, pris hors du Conseil, porteroit ce vœu à M. le général Motte, dans l'après-midi de ce jour (1).

XXXI. — Pièce **FF**.
(Page 31.)

Séance du 8 juillet 1815, au soir.

Présens : MM. les maire et adjoints, et MM., etc.

MM. les députés nommés à la séance de ce matin ont rempli leur mission auprès du commandant supérieur de la ville, à qui il a été fait la même réponse qu'aux précédens envoyés; et attendu que l'inquiétude publique sur la crainte d'une continuation de siége s'accroît à chaque instant, il a été arrêté que les mêmes députés auxquels M. de Lavalette a été prié de s'adjoindre, se présenteroient dans la soirée au général-commandant pour porter de nouveau à sa connoissance le vœu et le désir des citoyens, ce qui a été exécuté; et MM. les députés, de retour, ont rapporté que l'armée austro-sarde ayant fait demander une conférence à M. le général Motte, celui-ci enverroit des officiers supérieurs le lendemain matin, et qu'ils seroient chargés d'ouvrir la négociation qui seroit la plus avantageuse (2).

XXXII. — Pièce **GG**.
(Page 35.)

Séance du 9 juillet 1815, au matin.

Présens : MM. les maire et adjoints, et MM., etc.

Le Conseil municipal ayant été informé qu'une capitulation

---

(1) *Registre des délibérations* de l'Hôtel-de-Ville.
(2) *Registre des délibérations* de l'Hôtel-de-Ville.

honorable pour la garnison et avantageuse pour la ville venoit d'être conclue par les soins de M. le général Motte, il a été arrêté que M. le maire, l'un des adjoints et six membres du Conseil se rendroient en députation auprès de ce dernier pour lui porter l'hommage de la satisfaction et de la reconnaissance de la ville, à raison de tous les soins qu'il s'est donnés et de toutes les peines qu'il a prises pour sa défense, pour sa tranquillité et pour son bonheur, et lui témoigner tout le regret qu'on avoit de se séparer de lui.

Il est aussi arrêté que la même députation se rendra dans l'après-midi au quartier général de M. le lieutenant-général Latour, commandant en chef l'armée austro-sarde sous nos murs, pour lui porter la déclaration de la soumission de la ville et implorer pour elle sa bienveillance (1).

XXXIII. — Pièce HHI.

(Page 35.)

Séance du 9 juillet 1815, au soir.

Présens : MM., etc.

Messieurs composant la députation formée dans la séance de ce matin se sont acquittés de leurs commissions et en ont rendu compte à l'assemblée (2).

XXXIV. — Pièce II.

(Page 35.)

Du 10 juillet 1815.

Monsieur le Général de l'armée alliée, à Grenoble,

Je reçois à tous momens des rapports desquels il résulte que beaucoup de vos soldats décédés ont été mal enterrés, qu'ils causeront une infection très nuisible à la ville de Grenoble et à votre armée, s'il n'y est promptement remédié. Veuillez me dire en réponse, monsieur le Général, si vous êtes dans l'intention

---

(1) *Registre des délibérations* de l'Hôtel-de-Ville.
(2) *Registre des délibérations* de l'Hôtel-de-Ville.

d'obvier à ce malheur ou si votre intention est que ce soit une charge pour le corps municipal.

Agréez, je vous prie, monsieur le Général, mes sentimens respectueux (1).

XXXV. — Pièce JJ.

(Page 35.)

Séance du 10 juillet 1815, au matin.

Présens : MM., etc.

Plusieurs citoyens s'étant rendus à la mairie pour observer que quelques personnes qui ont pris la cocarde blanche se promenoient dans les rues et occasionnoient des disputes et des rixes, le Conseil arrête qu'une députation de deux membres sera envoyée à M. le lieutenant-général Latour pour le prier, comme moyen de maintenir la tranquillité, de faire défendre toute espèce de cocarde, et de ne la permettre qu'à la Garde urbaine, et seulement lorsqu'elle sera sous les armes (2).

XXXVI. — Pièce KK.

(Page 35.)

Du 10 juillet 1815, du soir.

Présens : MM., etc.

Sur l'observation de l'un des membres qu'on manque de logement pour les chevaux et pour les voitures, et qu'il importerait d'avoir un local pour l'établissement du magasin à foin, à l'effet de pouvoir rendre la halle au blé à son service ordinaire, arrête qu'il sera fait des démarches auprès des autorités compétentes pour obtenir la restitution du hangar de la place Saint-Louis, et que M. Perrard est chargé de cette commission (3).

---

(1) *Registre de la correspondance.*
(2) *Registre des délibérations* de l'Hôtel-de-Ville.
(3) *Registre des délibérations* de l'Hôtel-de-Ville.

XXXVII. — Pièce LL.

(Page 35.)

Séance du 11 juillet 1815, au matin.

Présens : MM., etc.

M. Perrard a donné connaissance au Conseil des démarches qu'il a faites pour obtenir la restitution du hangar de Saint-Louis ; il a annoncé qu'il avait obtenu des ordres pour cet objet et qu'il allait s'occuper des moyens d'exécution.

On a ensuite donné connaissance au Conseil d'un arrêté de M. l'Intendant général de l'armée qui rappelle l'ancien Conseil municipal ; en conséquence, le Conseil actuel se déclare dissous, et les membres se sont retirés (1).

XXXVIII. — Pièce MM.

(Page 35.)

Séance du 14 juillet 1815, à 11 heures du matin.

La Commission administrative du département de l'Isère ayant, par son arrêté du treize de ce mois approuvé par S. Exc. l'Intendant général de l'armée impériale et royale d'Italie, nommé, pour composer le Conseil municipal de la ville de Grenoble, MM. Beyle, de Saint-Maurice, *adjoints*; Giroud, *receveur général*, de Montal, Gerboud, Verney, Allemand-Dulauron, Hélie *père*, Maurel, *président*, Pina Saint-Didier, Bernard, *avocat*, de Bérenger, Borel St-Victor, Flauvan, Piat-Desvial, Ducruy, Périer (Augustin), Chanriont *aîné*, Pasquier, Durand (Charles), de Gauteron, Humbert Dubouchage, Morand (Paul), Gauthier (Augustin), *avocat*, Falatieu, *notaire*, Jacquemet, *président*, Favier, *négociant*, Pison (Félicien), *avoué*, Gagnon, Berthier, *juge de paix*, l'abbé de la Mairie, Silvy, *médecin*, Comte, *médecin* ;

M. de Lavalette, maire, ayant reçu communication dudit arrêté, a fait convoquer pour ce jour, lieu et heure, les personnes y

---

(1) *Registre des délibérations* de l'Hôtel-de-Ville.

désignées, auxquelles, étant assemblées dans la salle ordinaire des séances, M. le Maire a fait donner lecture du susdit arrêté.

Il a ensuite mis sous les yeux du Conseil municipal une lettre de la commission administrative contenant l'envoi d'une formule de déclaration que M. l'Intendant général de l'armée impériale et royale d'Italie demande à chaque fonctionnaire public; ladite déclaration conçue en ces termes : « J'engage ma foi et mon » honneur que, pendant que les troupes des hautes puissances » alliées occuperont ce département, je n'entretiendrai aucune » relation avec leurs ennemis et que j'accomplirai tout ce qui sera » de mon devoir pour satisfaire exactement au service qui m'est » confié. »

Sur quoi le Conseil municipal a unanimement consenti à signer ladite déclaration, ce qu'on a à l'instant exécuté.

Le Conseil a ensuite unanimement voté l'adresse suivante à S. M. Louis XVIII et prié M. le Maire de la faire parvenir incessamment aux pieds du trône, comme le témoignage libre et spontané des sentiments du Conseil pour S. M. et son auguste famille.

Sire,

La France recueillait les fruits de votre administration paternelle, lorsqu'un homme dont nous ne voulons pas même prononcer le nom est venu la replonger dans un abîme de maux, en appelant sur elle tous les fléaux de la guerre civile et étrangère.

Devenue en peu de jours si malheureuse, elle s'élance une seconde fois dans vos bras... Qu'une seconde fois elle vous doive le bienfait de la paix et sa réconciliation avec l'Europe!

Si les Français avaient à disposer d'une couronne, Sire, si le sceptre ne vous appartenait par les antiques sermens de nos pères, le grand bienfait de la paix que vous allez rendre à la nation vous appellerait au trône dont votre sagesse et vos vertus vous rendent si digne.

Mais, Sire, puisque la véritable royauté consiste autant dans l'amour des peuples que dans l'exercice d'une puissance légitime, vous n'avez pas cessé de régner sur les Français.

Que votre sceptre paternel s'étende sur tous, et bientôt toutes les divisions seront éteintes, toutes les opinions se rapprocheront, tous les sentimens se réuniront dans un seul, celui de l'amour pour votre personne sacrée.

Poursuivez, SIRE, ces magnanimes desseins si noblement exprimés dans votre proclamation de Cambrai ; affermissez, agrandissez cette Charte Constitutionnelle que nous avons reçue de votre sagesse, et que VOTRE MAJESTÉ a confirmée ainsi que les princes de votre famille, dans cette mémorable séance où furent resserrés les liens qui attachaient les Français à votre trône, au moment où elle s'éloignait de sa capitale.

Ces nobles institutions, en assurant par la liberté publique un bonheur durable à la nation, seront les monumens de votre gloire, de vos vertus : LOUIS-LE-DÉSIRÉ et la France présenteront le spectacle le plus grand qui puisse s'offrir sur la terre, celui de la puissance tempérée par les lois (1).

(Suivent les signatures.)

XXXIX. — PIÈCE NN.

(Page 35.)

AU NOM DES HAUTES PUISSANCES ALLIÉES,

Je soussigné chambellan de S. M. I. et R. d'Autriche, son conseiller actuel au gouvernement de Venise, et intendant de l'armée impériale et royale d'Italie,

Ensuite de la proclamation de ce jour, relative à l'exercice de l'administration du département de l'Isère;

Considérant qu'il est nécessaire de former la commission administrative de personnes recommandables par leur zèle, leurs talents et la considération justement acquise dont elles jouissent parmi leurs concitoyens;

ARRÊTE et ORDONNE ce qui suit :

ART. 1er. — La commission administrative du département de l'Isère sera composée de M. DUBOUCHAGE, ancien préfet, *président de la commission*, M. BEAUFORT, M. DUBOYS, M. LEMAITRE, M. DE BESSON, *membres de la commission.*

---

(1) *Registre des délibérations* de l'Hôtel-de-Ville.

M. LEPASQUIER est nommé *secrétaire-général de la commission*.

ART. 2. — M. DE LAVALETTE, ancien adjoint à la mairie, est nommé *maire de Grenoble*, en remplacement de M. GIROUD, maire actuel, qui a rempli, jusqu'à ce jour, les fonctions municipales à la satisfaction générale, mais qui ne pourrait les continuer concurremment avec celles de receveur général, dont l'exercice deviendra plus pénible à raison des circonstances.

ART. 3. — Le Conseil municipal de la ville de Grenoble est rétabli tel qu'il existait au 1er mars de cette année, et les individus qui le composaient reprendront de suite leurs fonctions.

Le présent arrêté sera imprimé, publié et affiché dans toutes les communes du département de l'Isère.

Fait au quartier général de Grenoble, le 18 juillet 1815.

REVICZKY (1).

LX. — PIÈCE 00.

(Page 35.)

Du 11 juillet 1815 (2).

M. le colonel commandant la garde nationale de Grenoble.

M. l'Intendant de l'armée Impériale et Royale d'Italie demande que la garde nationale fournisse un factionnaire devant son hôtel. Je vous prie de vouloir bien donner des ordres en conséquence. M. de Révigzy (*sic*) est logé à l'hôtel de Vaulx, place du Bœuf.

J'ai l'honneur, etc.

---

(1) *Journal du département de l'Isère.*
(2) *Registre de la correspondance.*

K: K: Œsterreich: Süd-Armée.

PASS.

VORZEIGER dieses *Sr Victor Blanchet Sujet de Ministre* hat Erlaubniss, von hier nach *Grenoble gütiger abzureisen* mit ~ Wagen, ~ Pferden, ~ Domestiguen abzugehen. Sämmtliche Militaire- und civil Behörden werden nach Standes Gebühr ersuchet, diesen *Sr Victor Blanchet mir allein* frey, und ungehindert- und zwar bis *Grenoble* passiren zu lassen.

Dieser Pass soll auf *zwey Tage* gültig seyn.

Gegeben im Hauptquartier der K: K: Süd-Armée zu *Rives d. 14.ten April 1814.*

Des Kais: Königl: General der Cavallerie, Commandirenden, General der Süd Armée, Commandeur des militair Maria Theresien. — Gross-kreutz des Königl: hungar st: Stephans. — des Königl: Preussischen schwarzen, und rothen Adler. — des Kais: Russischen st: Alexander Nevsky. — und Hessischen goldenen Löwen Ordens, dann Obersten Innhaber des K: K: Hussaren Regiments Nro: 4.

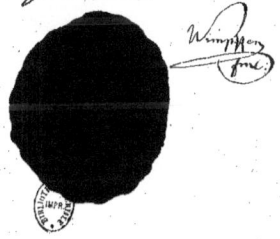

SOMMAIRE.

	Pages.
Avis de l'éditeur.	5-6
Motifs qui ont engagé l'auteur à entreprendre cette publication. .	7-8
Défense de Barraux. — Ode patriotique. — Déclaration du Corps municipal. — MM. Renauldon, Fourier et le général Marchand.	8-11
Passe-port autrichien. — Protestation des lycéens de Grenoble. — Subsistance des troupes alliées. — Violation de l'arsenal de Grenoble par les Autrichiens.	11-14
Première Restauration. — Réquisitions. — Beau trait de M. de Lavalette. — Les soldats mutins et le général Marchand. — Députation envoyée à la duchesse d'Angoulême, à son passage à Lyon.	14-19
Le comte d'Artois à Grenoble. — Fêtes. — La table et les écuries du Prince. — Les embarras de l'étiquette. — Le quart d'heure de Rabelais.	19-23
Les Cent jours. — Précautions prises par l'autorité. — Napoléon à Grenoble. — Le général Marchand. — Fédération. — La Dauphinoise. — Le N° 29 du *Journal du département de l'Isère*. — Un pot-pourri. — Passage de Napoléon à Rives.	23-28
Préparatifs de résistance à Grenoble. — Réquisitions pour les alliés. — Siége de Grenoble. — Armistice. — Cimetière provisoire. — Mouvement parmi les habitants de Grenoble. — Capitulation. — Pillage de l'arsenal par les austro-sardes. — La carte à payer. .	28-35
Pièces justificatives.	35-95

Grenoble. — Imp. Allier père et fils. — 9.60.

ERRATA.

Pages.	Lignes.	
24,	23,	*au lieu de :* lui fut-il répondu : on ne les avait, etc., *lisez :* lui fut-il répondu, on ne les avait, etc.
36,	22,	*au lieu de :* Bayard, *lisez :* Bayards.
41,	5,	*au lieu de :* H, *lisez :* H.
72,	31,	*au lieu de :* ragusé. » (Après une longue pose.), *lisez :* ragusé. » — (Après une longue pose.)
73,	24,	*au lieu de :* par mépris sans doute, *lisez :* par méprise sans doute.
75,	31,	*au lieu de :* leur approvisionnement, *lisez :* leur approvisionnement ;
76,	28,	*au lieu de :* la serveillance, *lisez :* la surveillance.
77,	12,	*après* abondance, on a oublié de mettre en note que cette Pièce justificative était extraite du *Registre des délibérations* de l'Hôtel-de-Ville. Il en est de même des deux Pièces justificatives suivantes.

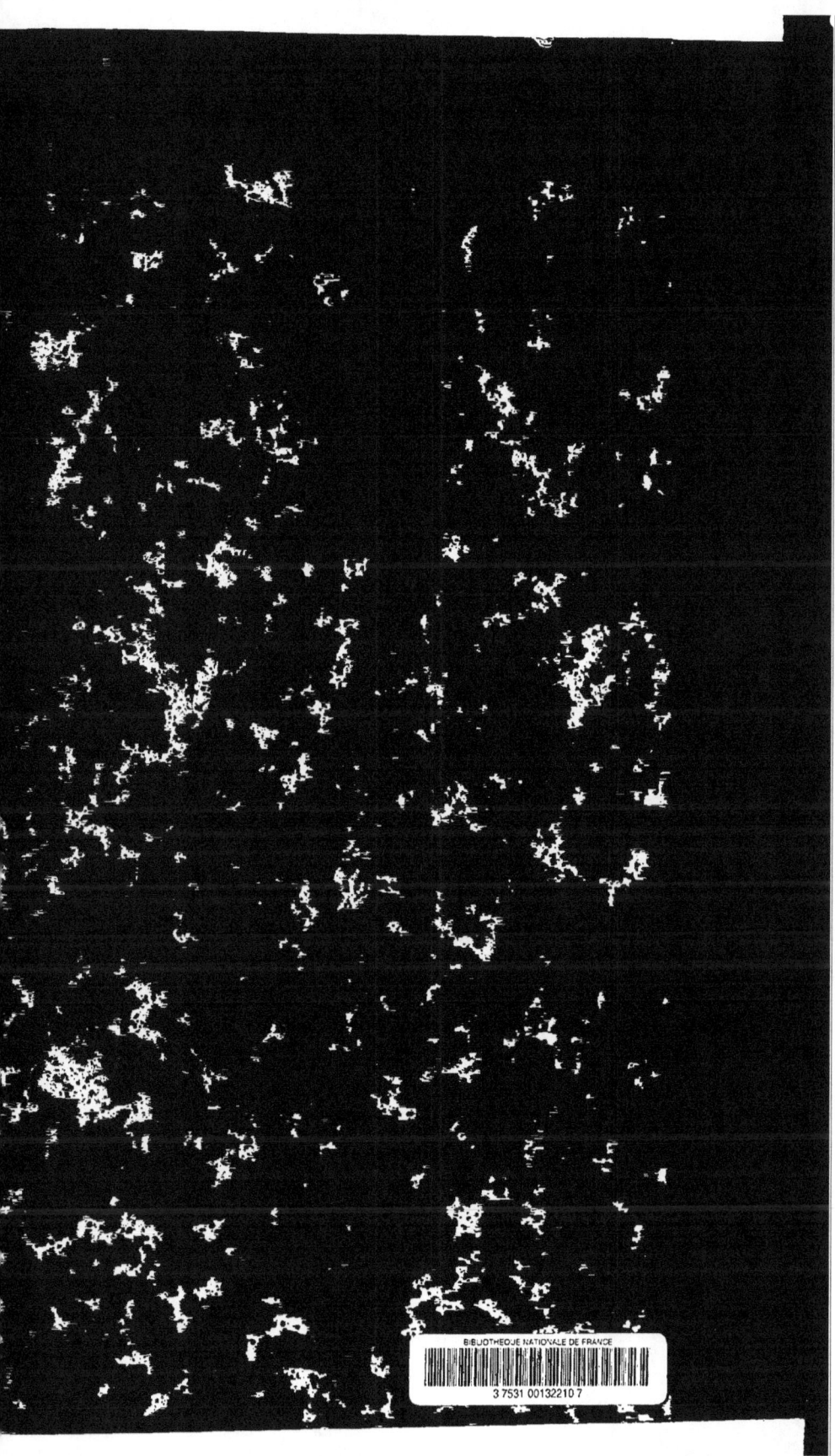

www.ingramcontent.com/pod-product-compliance
Lightning Source LLC
Chambersburg PA
CBHW070244100426
42743CB00011B/2126